Zur Reihe „Klassische Lehr- und Vorlagenbücher für den Praktiker

Vor der Umsetzung eines gedanklichen Entwurfs in die Praxis steht die zeichnerische Darstellung oder eine Vorlage des zu fertigenden Objekts – sei dies ein Möbel oder ein anderer Gegenstand. Schon in der römischen Antike waren Kunst- oder „Muster"-Bücher bekannt, die Vorlagen für die Gestaltung eines Raumes und seine Ausstattung boten. Sie dienten gleichzeitig der Verbreitung von Kunsttheorien. Seit der Renaissance spielten gedruckte Vorlagensammlungen für Möbel sowie für andere kunsthandwerkliche Produkte eine wichtige Rolle. Ihre Schöpfer waren Architekten, Bildhauer, Künstler, die auf das Entwerfen von „Ornamentstichen" spezialisiert waren, sowie entsprechend begabte Handwerker, die häufig als Lehrer an Fach- und Hochschulen tätig waren. Die Tradition der Musterbücher setzte sich bis in das 19. Jahrhundert fort.

Im Zuge fortschreitender Industrialisierung entwickelten sich die Vorlagensammlungen einerseits zu Geschäftskatalogen und anderen Firmenveröffentlichungen, andererseits dienten sie – als eine Vorstufe zu Lehr- und Fachbüchern oder auch kombiniert mit diesen – der Wissensvermittlung. Im Zuge der Gewerbeförderung waren vielerorts Gewerbe- und Handwerkerschulen zur Aus- und Fortbildung von Lehrlingen und Gesellen des Bauhandwerks entstanden. Diese Bildungsstätten förderten unter anderem auch gestalterische und zeichnerische Fähigkeiten. Viele Lehrer verbanden ihre Tätigkeit mit der Veröffentlichung von neuen Lehr-, Muster- und Vorlagenbüchern. Daneben publizierten Handwerksmeister ihre Entwürfe.

Die Zahl der Musterbücher stieg im 19. Jahrhundert an. Besonders als vor der Jahrhundertmitte der Historismus populär wurde, entstand ein großes Bedürfnis nach Vorlagen für den noch wenig bekannten Stil. Der Historismus, der ein Aufgreifen fast aller Stilelemente vorhergehender Kunstepochen beinhaltete, verlangte entsprechende Kenntnisse der Vorbilder. Später nahm die Anzahl der Vorlagenwerke wieder ab, dafür gewannen sie an Umfang. Jetzt spielten Möbel- oder Schreiner-Fachzeitschriften, von denen es im 19. Jahrhundert ungefähr ein Dutzend gab, eine größere Rolle, dazu kamen noch allgemeine Kunst- und Gewerbeblätter. Diese Fachzeitschriften enthielten neben anderen Beiträgen auch Vorlagen und Musterzeichnungen.

Heute sind diese alten Muster- und Vorlagenbücher im Original rar. Sie waren seinerzeit vielbenutztes Arbeitsmaterial, das in Werkstätten regelrecht „verbraucht" wurde. Wenn sie aus der Mode kamen, wurden sie ausrangiert. Für die großen Bibliotheken stellten Vorlagenbücher damals in der Regel kein Sammelobjekt dar. So existieren viele der Werke, die jetzt in der Reihe „Klassische Lehr- und Vorlagenbücher für den Praktiker" als Nachdruck wieder zugänglich werden, im Original nur noch in einzelnen Exemplaren. Die Nachdrucke kommen dem heutigen Bedürfnis nach historischen Vorlagen sehr entgegen. Die Entwürfe, die man in dieser Auswahl zu Recht als „klassisch" bezeichnen kann, bieten dem heutigen Praktiker eine hervorragende Arbeitsgrundlage zum Nachbauen, Fertigen von Einzelteilen und zum Restaurieren.

Wolf's Gartenlauben
Verandas und Giebelverzierungen

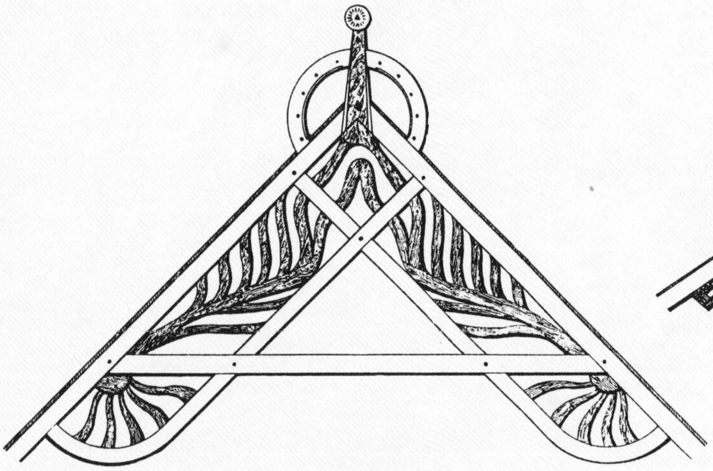

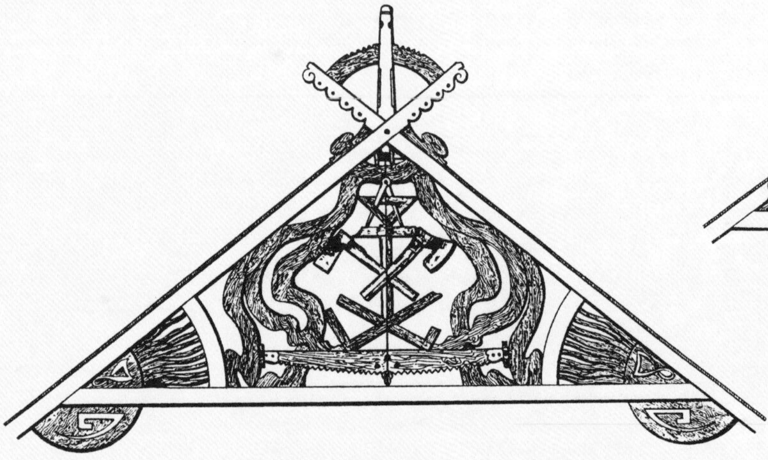
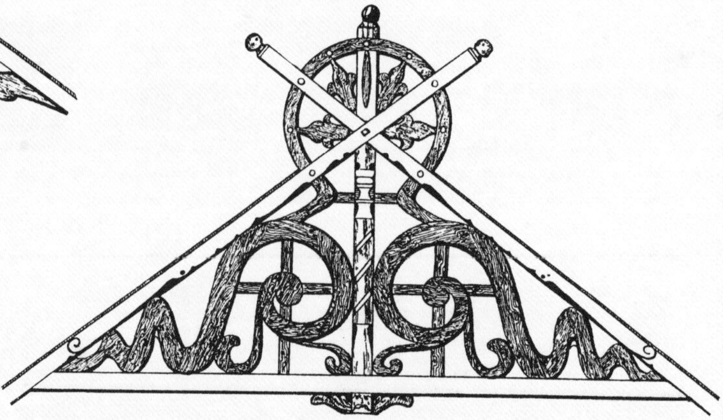

Wolf's Gartenlauben
Verandas und Giebelverzierungen

nebst

Garteneingängen, Einfahrten, Zäunen, Laubwänden

und

Kolonnaden

welche aus Holz hergestellt werden

Lehr- und Vorlagebuch

für

Architekten, Bau-, Maurer- und Zimmermeister, sowie Bautechniker, Zimmerer und Bautischler

Herausgegeben

von

Gustav Wolf

Architekt

Leipzig-Schleußig

Wolf's Verlag.

KLASSISCHE LEHR- UND VORLAGENBÜCHER FÜR DEN PRAKTIKER

BAND 15

In dieser Reihe der Edition »libri rari« erscheinen in loser Folge
historische Lehr-, Muster- und Vorlagenbücher in verschiedenen Stilen
und für unterschiedliche Werkstoffe.
Die Entwürfe sind für heutige Praktiker wertvolle Arbeitsgrundlagen
zum Nachbauen, Fertigen von Einzelteilen und zum Restaurieren.

ISBN 3.88746-362-5

Best.-Nr. 1027

Gesamtherstellung

Th. Schäfer Druckerei GmbH, Hannover

Vorwort

In diesem Buche habe ich, um dem allgemeinen Wunsche zu entsprechen, nur das gegeben, was im Baufache ausgeführt werden kann. Was nützen z. B. Vorlagen von Zierbauten, welche wegen hoher Baukosten oder ungenügendem Witterungswiderstand nie zur Ausführung kommen?

Aus diesem Grunde habe ich alles vom Einfachsten an gegeben und nicht nur den modernsten Ausführungen, sondern auch den älteren Stilen gedacht; denn während viele für das Neuzeitliche sind, haben auch manche das Ältere gern.

Mithin gedenke ich bei der großen Mannigfaltigkeit der hier gebotenen Ausführungen auch mit diesem Buche allen Wünschen und Bedürfnissen nach jeder Richtung hin entsprochen zu haben und zur Förderung der Zimmerkunst zu dienen.

Möge das Buch, wie meine anderen Werke, ebenfalls Freunde finden und überall willkommen sein.

Leipzig-Schleußig, im August 1906.

Gustav Wolf

Inhalts-Verzeichnis.

I. Garteneingänge und Einfahrten, nebst Zäunen und Laubwänden.

II. Gartenlauben.

III. Verandas und Kolonnaden.

IV. Giebelverzierungen und verschiedene Profilierungen.

I. Garteneingänge und Einfahrten, nebst Zäunen und Laubwänden.

Die Garteneingänge, Einfahrten, Zäune und Laubwände sind hier in zwei Arten gegeben und zwar aus rundem Naturholz und kantig bearbeitetem Holze. Bei dem Naturholze kommt meistens nur Nadelholz in Betracht, z. B. Tanne, Fichte, Kiefer u. dgl., was sich zu Stangen eignet, während von dem Laubholz in der Regel geschälte Eiche und da, wo viel Birkenwald ist, auch Birkenholz Verwendung findet.

Die lichte Größe der Eingänge sollte bei einflügeligen Türen nicht unter 1 Meter breit und 2 Meter hoch und bei zweiflügeligen Türen mindestens 1,50 Meter breit hergestellt werden. Ebenso sollte das lichte Maß bei kleinen Einfahrten mindestens 3 Meter und bei größeren 4 Meter Breite und 3,50 bis 4 Meter Höhe haben. Die Höhe der Zäune, welche als Hauptumzäunung dienen, ist möglichst 1,75 bis 2 Meter zu halten. Kleine Zäune, wie solche zwischen Hof und Garten, können beliebig hoch sein, jedoch nicht unter 1 Meter Höhe. Laubwände werden in der Regel 2,50 bis 3 Meter hoch hergestellt, damit die Sonne noch hindurchscheinen kann.

Die Säulenweite der Zäune und Laubwände ist am besten 2 bis 2,50 Meter. Die Säulen weiter voneinander entfernt zu nehmen, würde sich nur bei starkem Holze empfehlen. Das lichte Maß der Zaunstangen oder Lattenweite ist bei lotrechten angenagelten Stangen oder Latten 5 Zentimeter und bei schräg kreuzweise übereinander genagelten Kreuzzaunstangen, viermal so viel wie die Stangen stark sind.

Naturzauneingang aus Tanne, Fichte, Kiefer u. dgl.

Fig. 1.

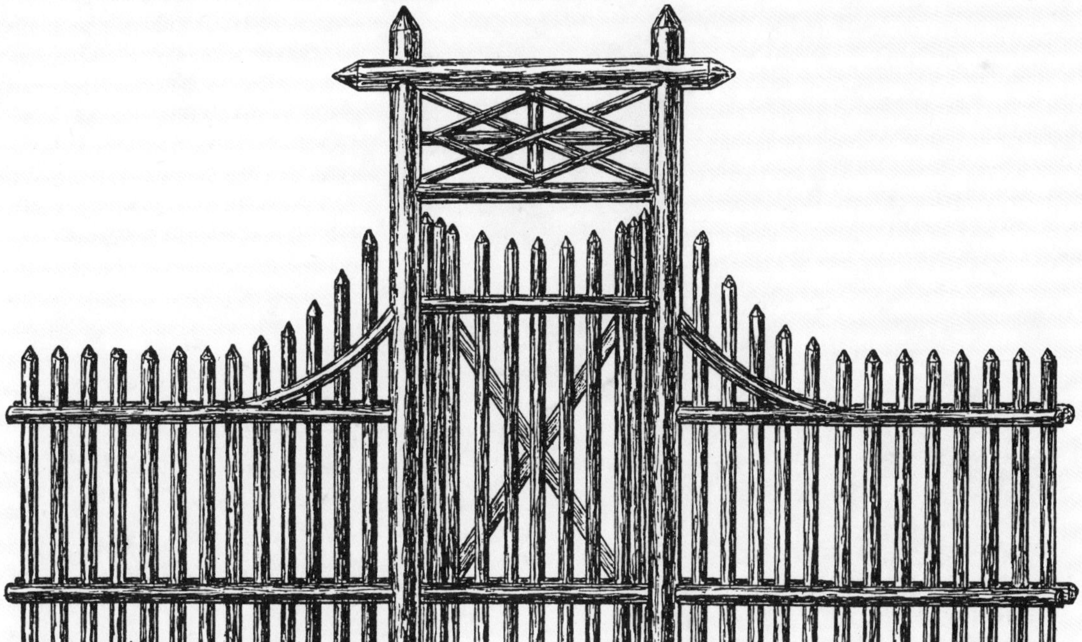

Der Naturzauneingang, wie in Fig. 1, wird meistens bei hohen Umzäunungen und auch da hergestellt, wo das Übergreifen zum Öffnen der Tür verhindert werden soll. Zu diesem Zwecke kann dann oben auf den Stangenspitzen noch ein sogenannter Stacheldraht angebracht werden. Die Säulen sind hier rund und oben angespitzt. Ebenso auch der Holm, welcher an beiden Enden angespitzt ist. Zu den sogenannten Jochlatten, welche von einer Säule zur anderen an den Säulen befestigt werden, sowie auch zu den Quer- und Strebelatten der Tür, überhaupt zu allen querüber zu befestigenden Latten verwendet man dagegen halbrunde Waldlatten. Selbst zu den lotrechten Zaunstangen werden vielfach halbrunde Waldlatten verwendet, welche dann nur einseitig angespitzt werden. Die Tür ist hierbei einflügelig und sämtliche Verbindungen derselben, sowie auch des Zaunes, stumpf durch Nägel befestigt, es sei denn bei Jochlatten, welche in die Mitte der Säulenstärke sollen und deshalb eingezapft werden müssen.

Naturzauneingänge aus Tanne, Fichte, Kiefer u. dgl.

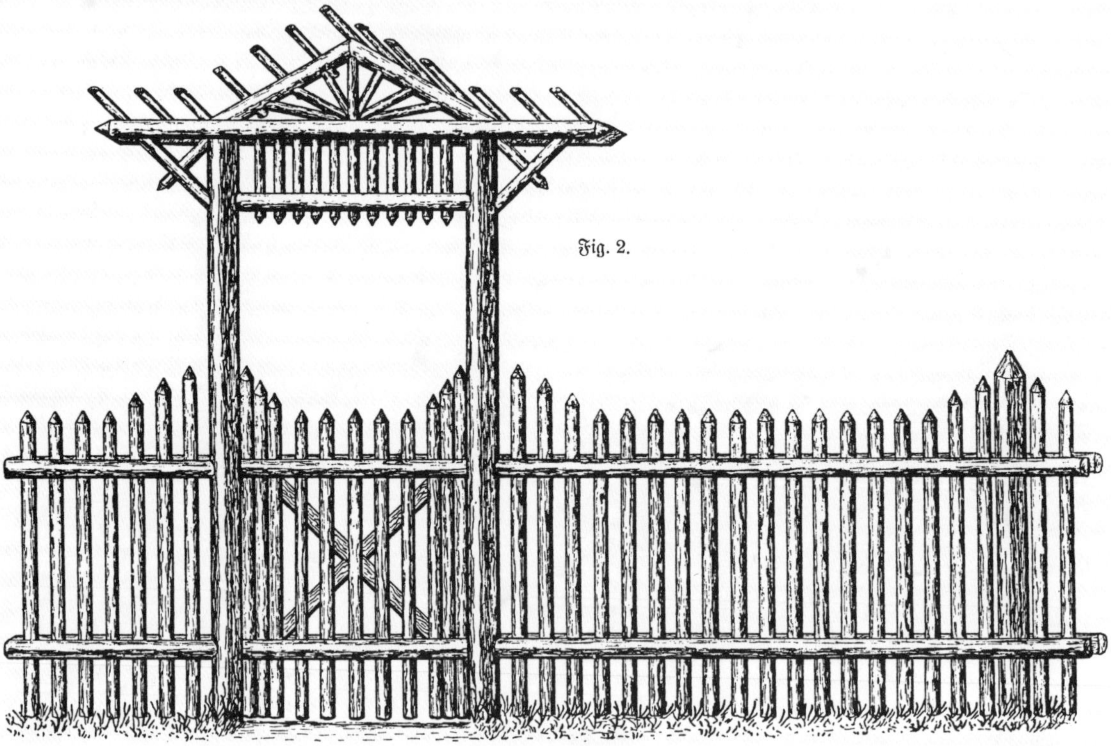

Fig. 2.

Fig. 3.

Fig. 4.

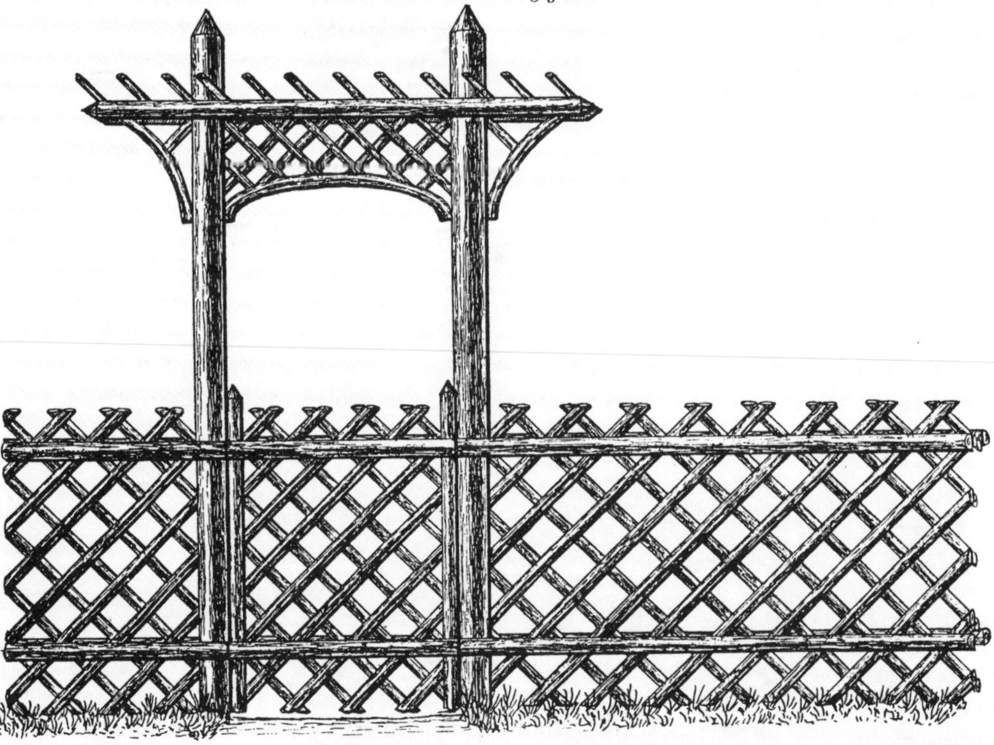

Die Naturzauneingänge, wie in Fig. 2 und 4, sind in der Ausführung wie vorhin, nur daß statt des oberen Holmes zwei seitwärts an den Säulen bis auf Zwischenholzstärke eingelassenen Waldlatten befestigt werden, auf denen dann die sogenannten Laubsparren (etwa 40 Zentimeter lange Stangenenden) angebracht werden, was in Fig. 4 deutlich ersichtlich ist.

Um die Ansicht des Einganges zu verschönern, kann man oben eine Spitzverdachung anbringen, wie in Fig. 2. Vielfach wird der Zaun statt aus lotrechten Stangen oder Waldlatten, aus kreuzweise schräg übereinander genagelten Stangen, wie in Fig. 3 und 4, hergestellt. Dieser sogenannte Kreuzzaun muß oben dicht über dem Kreuzpunkt der Stangen wagerecht verschnitten werden und auch zwischen den Säulen und Jochlatten, sowie in Fachfüllungen möglichst mit dem Kreuzpunkt abschließen.

Naturzauneingänge mit Laubwand aus Tanne, Fichte, Kiefer u. dgl.

Fig. 5.

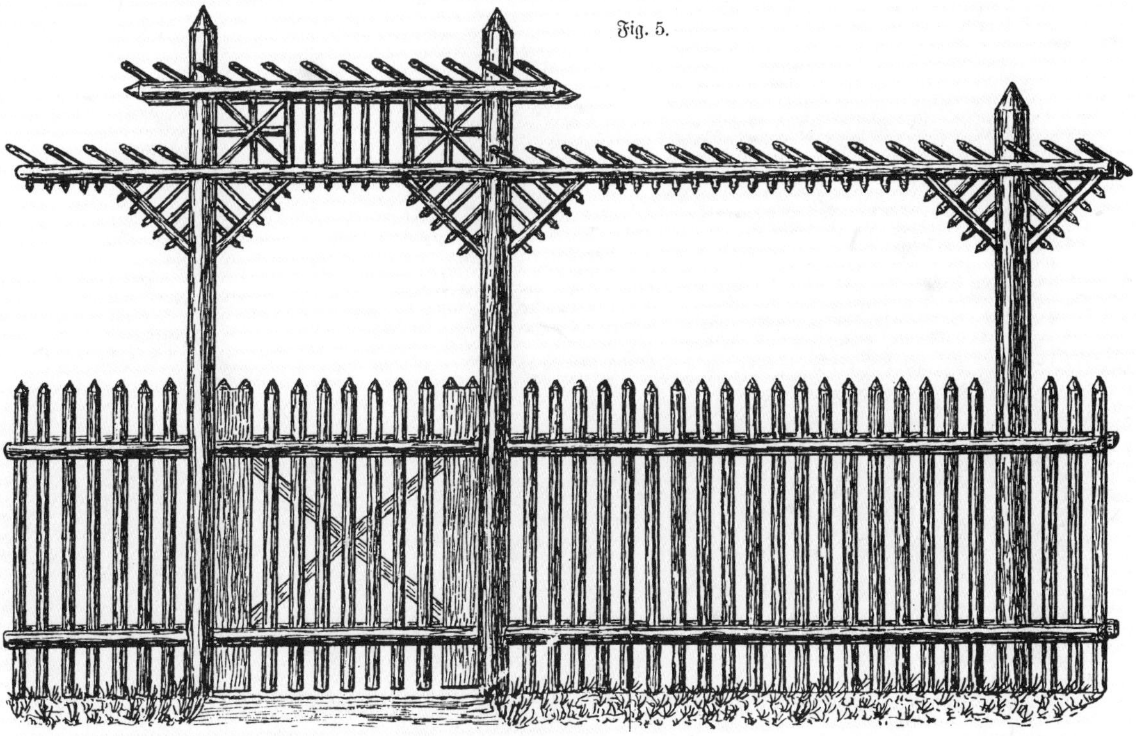

Fig. 6.

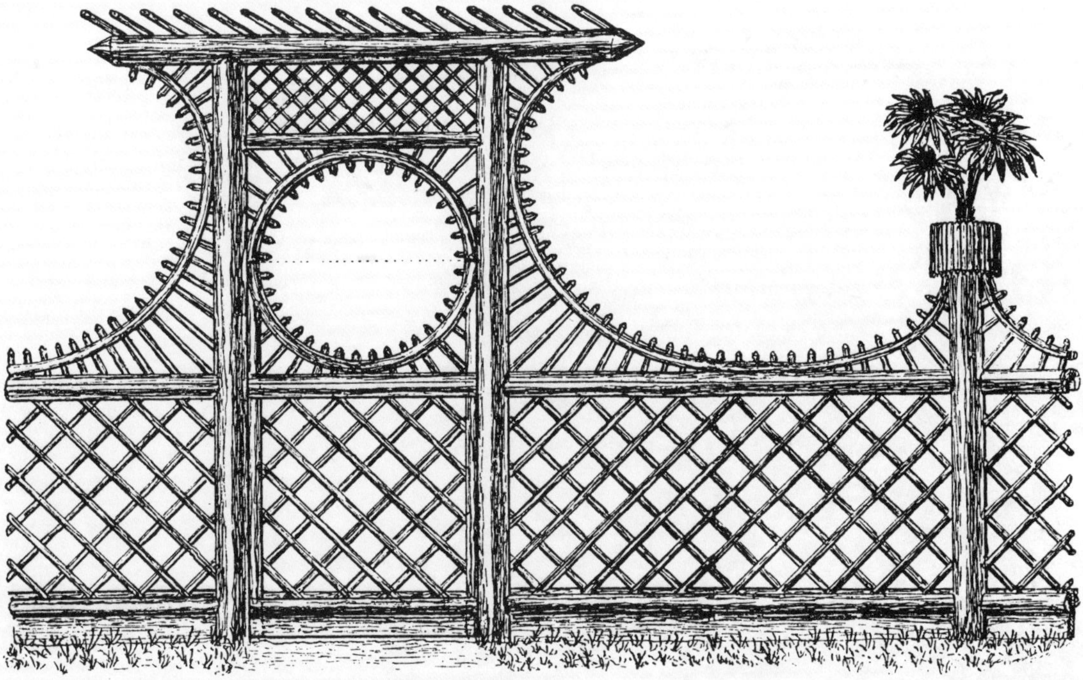

Bei diesen Eingängen ist der Zaun mit Laubwand versehen, an der sich wilder Wein, Kletterrosen und Efeu oder sonstige Schlingpflanzen anhalten können. Man muß daher bei hohen Laubwänden, wie in Fig. 5, ebenfalls Laubsparren anbringen und die Ausführungsweise ähnlich halten, wie bei den vorstehenden Eingängen.

Anders ist es bei Laubwänden, wie in Fig. 6, welche nur über dem Eingange Laubsparren haben und zur Zierde mit oben angespitzten in Bogenform angebrachten Stangenenden versehen sind. Die Tür ist hierbei, bis zu der Halbkreisform, wie durch die Punktierung angedeutet, aufgehend angenommen.

Um die Herstellung der Bogenform zu ermöglichen, wolle man schwaches grünes Holz verwenden. Derartige Zäune eignen sich vorzüglich bei Villenbauten zwischen Garten und Hofraum.

Naturzauneingänge mit Laubwand aus Tanne, Fichte, Kiefer u. dgl.

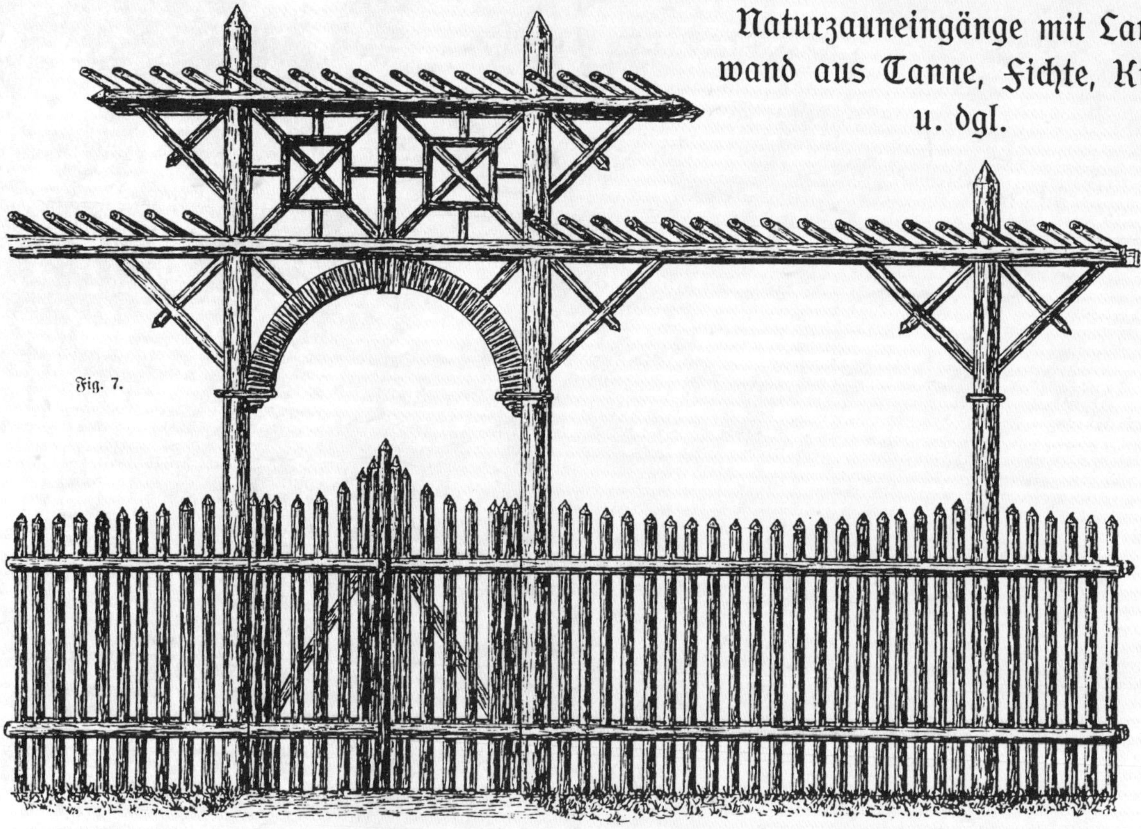

Fig. 7.

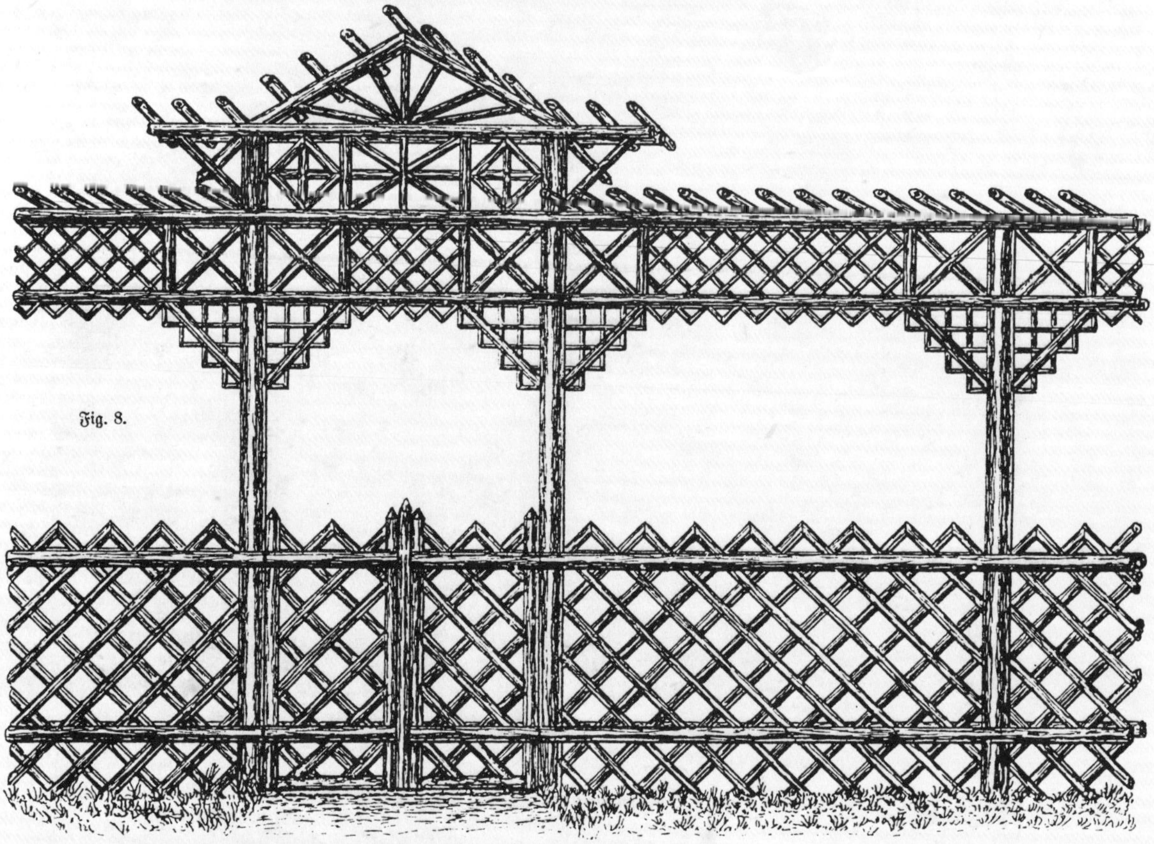

Fig. 8.

Diese Eingänge sind mit zweiflügeligen Türen versehen, sonst in der Ausführungsweise wie vorhin. Der Eingangsbogen, in Fig. 7, wird in einfacher Brettstärke aus zwei oben in der Mitte gegeneinander stoßenden Brettern so hergestellt, daß dieselben an dem oberen durchgehenden Mittelstück befestigt und mit schwachen halbrunden Waldlattenenden auf beiden Seiten bekleidet werden können. Der Eingang ist sehr einfach und erhält durch den Bogen, sowie durch den oberen Eingangsteil trotz der Einfachheit eine schöne Ansicht. Bedeutend reichhaltiger sind dagegen derartige Eingänge und Laubwände, wie in Fig. 8, denn die Kreuzzaunfüllung u. dgl. oben an der Laubwand und über dem Eingange erfordert viel Arbeit.

Die Stangen der Füllung werden hierbei unterhalb und die Kreuzzaunstangen oben auf Gehrung zusammengeschnitten.

Fig. 9.

Fig. 10.

Die Naturzauneinfahrten, wie in Fig. 9 und 10, sind in der Ausführungsweise wie die Eingänge, nur daß die Torflügel, welche wegen ihrer Größe bedeutend schwerer sind als die Türen, möglichst gut verbunden und befestigt werden müssen. Man sollte deshalb die Torflügel immer gut verstreben und nicht aus Kreuzzaun herstellen. Um festen Halt zu haben, werden die Tore auch statt mit halbrunden Quer- und Strebehölzern mit Quer- und Strebebrettern oder mit Bohlen hergestellt.

Naturzauneingänge aus geschälter Eiche.

Fig. 11.

Fig. 12.

Die Naturzäune aus geschälter Eiche, wie in Fig. 11 und 12, werden meistens zwischen Hofraum und Garten hergestellt und namentlich da, wo dieselben zur Zierde dienen sollen. Bei diesen Zäunen werden die sämtlichen Stücke ebenfalls stumpf aneinander befestigt, jedoch so sauber zusammengesetzt, daß dieselben wie gewachsen erscheinen. Es empfiehlt sich daher, alles in der Richtung wie gewachsene Naturzweige zu setzen, ähnlich wie in Fig. 11 und 12.

Nach Fertigstellung müssen derartige Zäune gleich mit Firnis gestrichen werden, damit das Holz durch Regenwasser oder sonstige Nässe nicht schwarz wird.

Fig. 13.

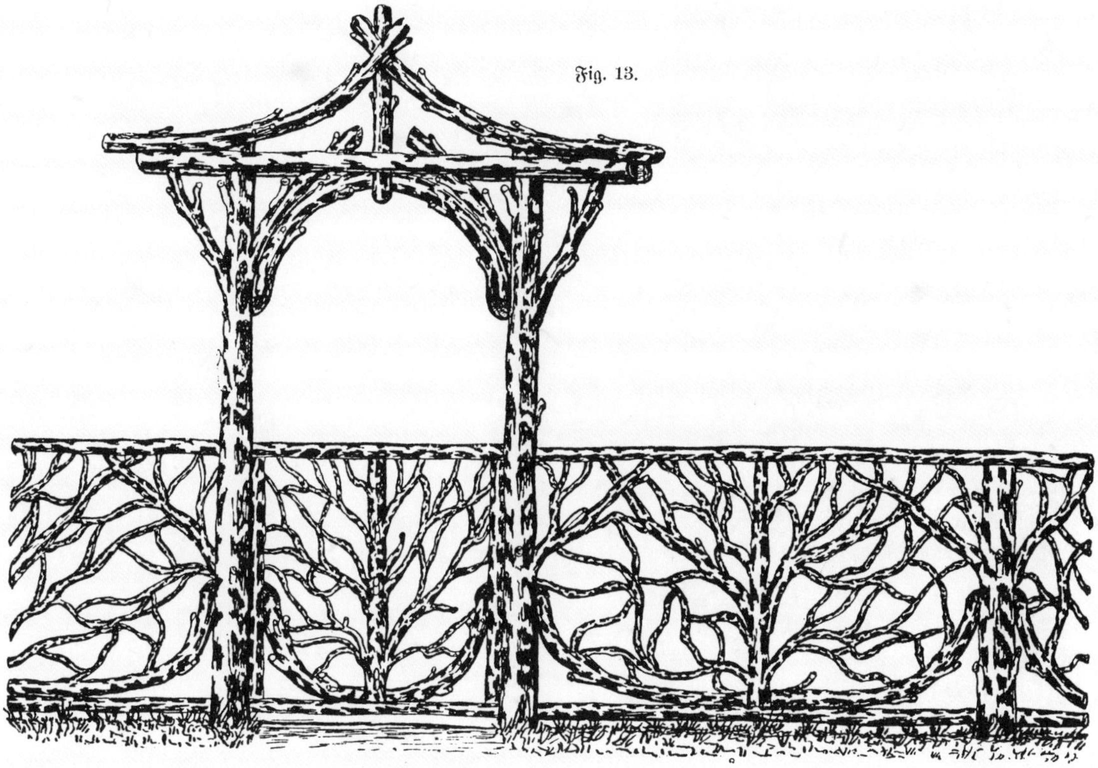

Fig. 14.

Die birkenen Naturzauneingänge können verschiedenartig hergestellt werden, sind aber möglichst so zu gestalten, daß ebenfalls alles wie gewachsen erscheint, ähnlich wie in Fig. 13 und 14. Sonst ist die Ausführungsweise wie bei den vorstehenden Eichenzäunen.

Bei diesen Zäunen darf das Holz nicht abgeschält werden, denn gerade wegen der weiß-bunten Rinde wird das Birkenholz bei Garteneingängen und Zäunen, welche zur Zierde dienen, mit besonderer Vorliebe verwendet. Man kann auch dasselbe, da es sehr biegsam ist, leicht in alle möglichen Formen bringen.

Garteneingänge aus Kantholz.

Fig. 15.

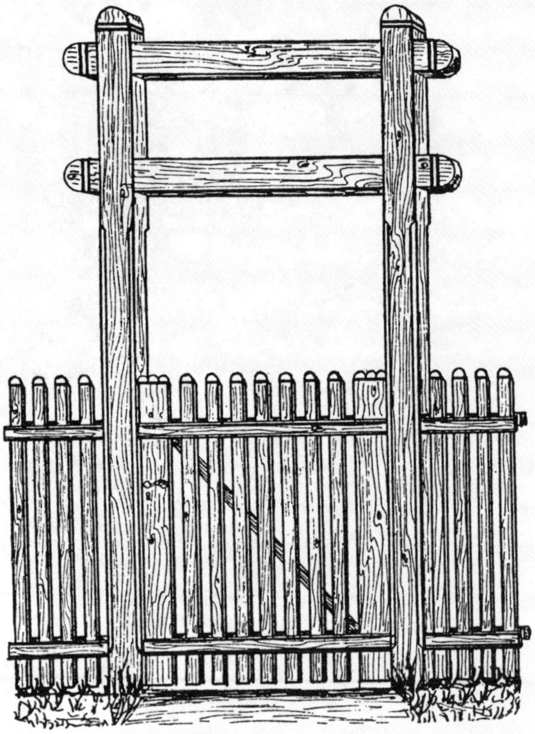

Fig. 16.

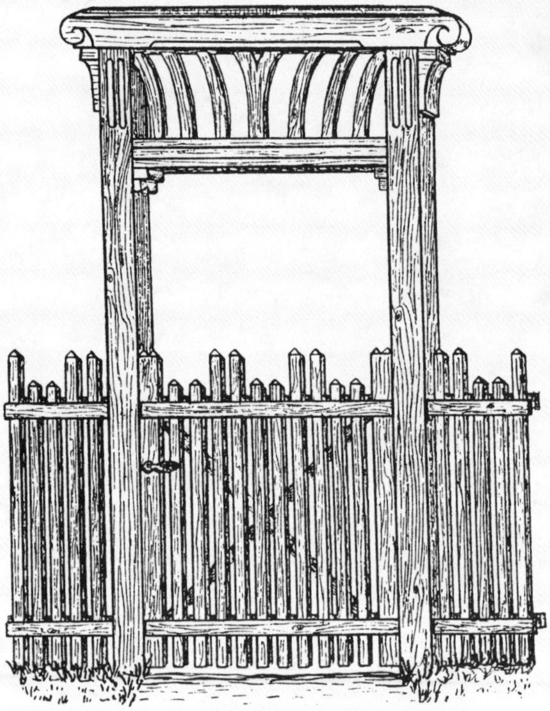

Fig. 17.

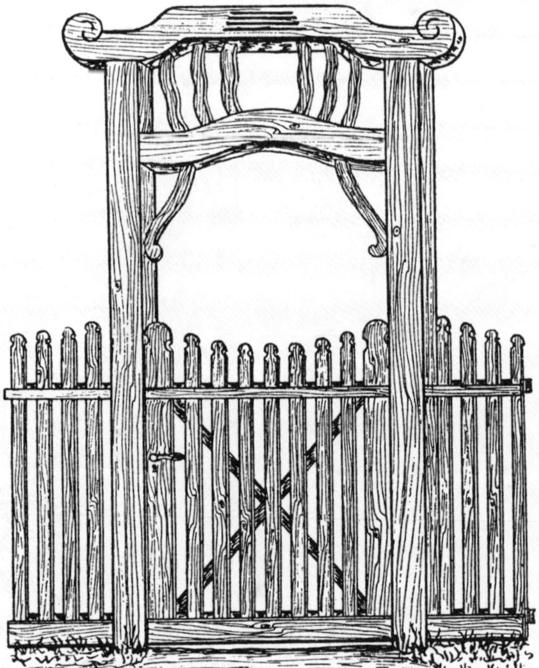

Fig. 18.

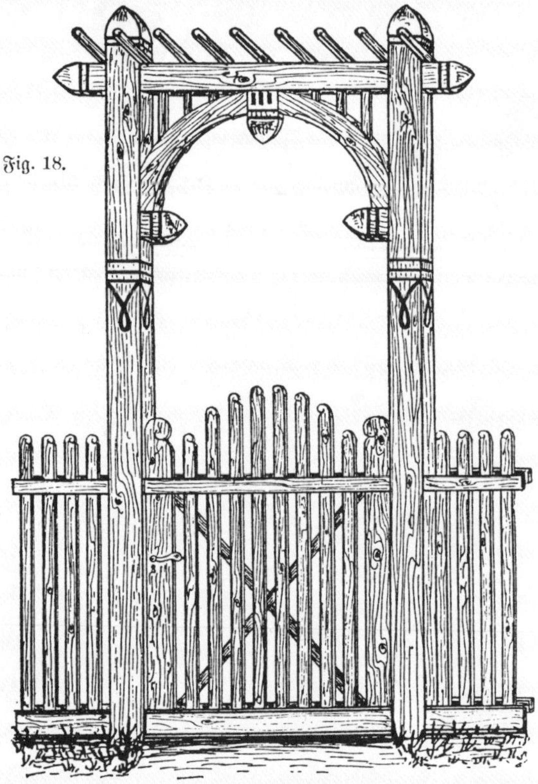

Bei dieser Art Eingänge werden die Riegel, sowie Jochlatten u. dgl. verzapft, jedoch muß darauf gesehen werden, daß kein Wasser in die Zapfenlöcher eindringen kann. Man sollte deshalb die lotrechten Zapfen am unteren Ende des Holzes möglichst meiden und, wenn es nicht zu umgehen ist, die Verzapfung verdeckt herstellen oder für den Abfluß des Wassers sorgen.

Aus diesem Grunde empfiehlt es sich auch, die Türen der Eingänge nicht zu verzapfen, sondern stumpf zusammenzunageln, wie in Fig. 15 bis 18, und sämtliche wagerechte Oberflächen abzuwässern.

Die Kantholzeingänge können rauh, gehobelt und profiliert hergestellt werden. Allerdings müssen die Profilierungen den Witterungseinflüssen widerstehen können.

Fig. 19.

Fig. 20.

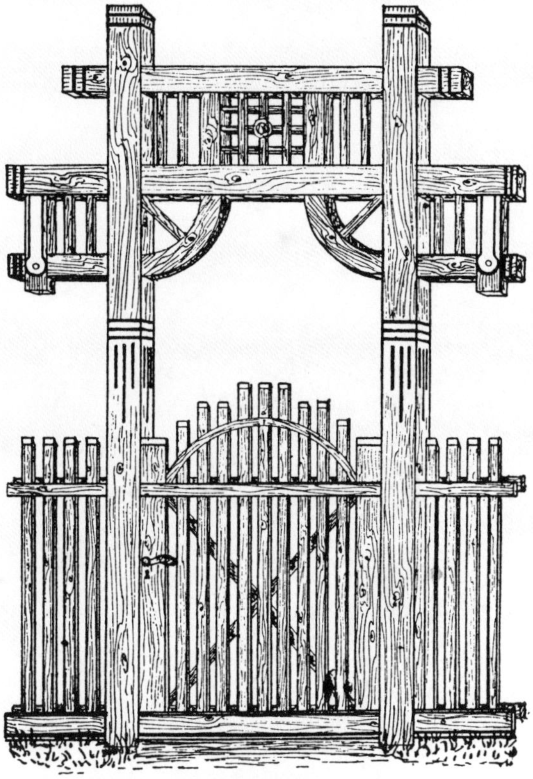

Fig. 21.

Fig. 22.

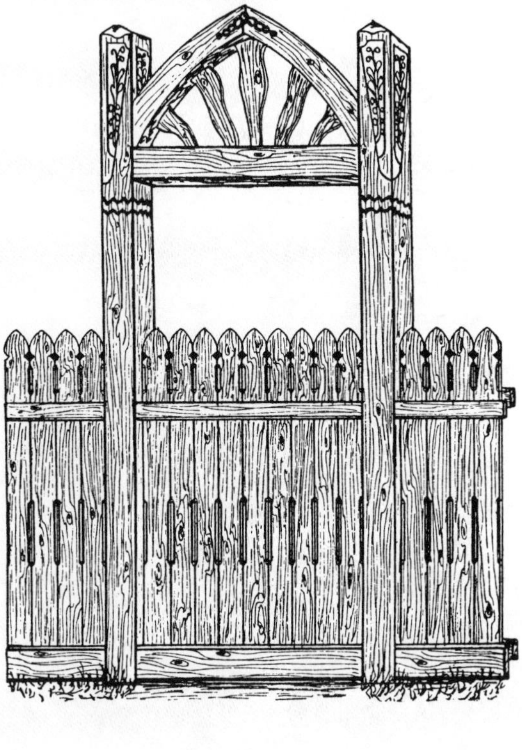

Die gehobelten Garteneingänge dienen meistens zur Zierde und sollten deshalb stets sauber hergestellt werden. Mithin verziert man auch in neuerer Zeit die Eingänge durch einfache Kerbschnitte, wie in Fig. 18 bis 20, oder Flachstechereien, wie in Fig. 21 und 22, welche durch grelle Farben noch besonders abgesetzt werden können.

Der Billigkeit wegen kann man die Verzierung auch nur durch einfache Malerei ersetzen.

Garteneingänge aus Kantholz.

Fig. 23.

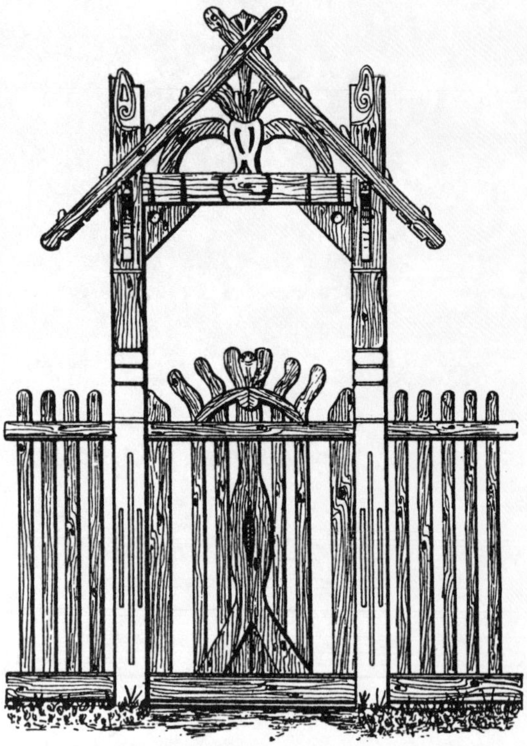

Fig. 24.

Fig. 25.

Fig. 26.

Die Eingänge, wie in Fig. 23 bis 26, sind reichhaltiger im modernen Stil gehalten und eignen sich zu besseren Zäunen.

Am besten werden dieselben vor Gebäuden wirken, zumal man die Form der Eingänge durch kleine Veränderungen leicht dem Stile des Hauses anpassen kann.

Garteneingänge mit Laubwand aus Kantholz.

Fig. 27.

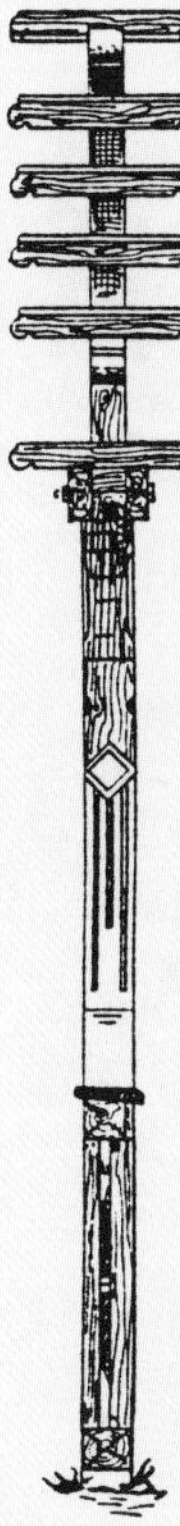

Fig. 28.

Fig. 29.

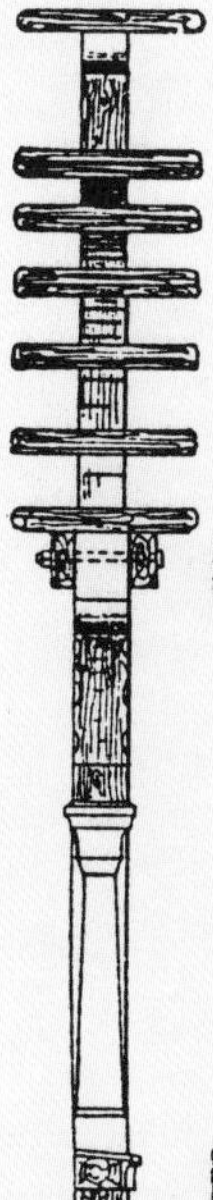

Fig. 30.

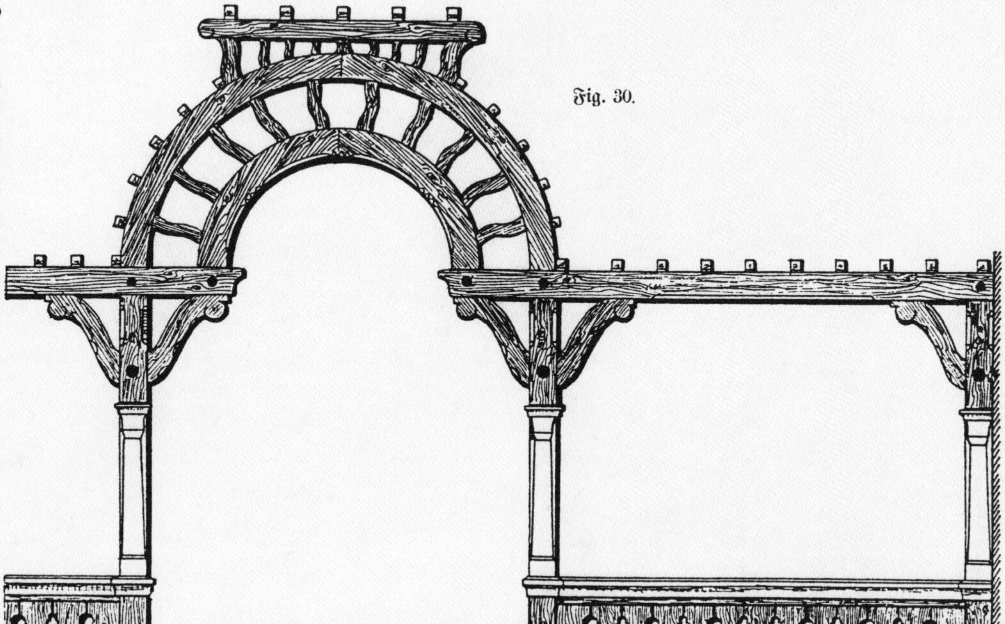

Diese Eingänge und Laubwände werden meistens zwischen Hof und Garten hergestellt, wo sie namentlich nur als Zwischenwand zur Zierde dienen sollen. Man kann deshalb bei denselben statt des Zaunes ein Brustgeländer, wie in Fig. 27 bis 30, wählen. Hierdurch eignen sich dieselben auch zu offenen Kolonnaden und Laubgängen in Konzertgärten.

Garteneingänge mit Laubwand aus Kantholz.

Fig. 31.

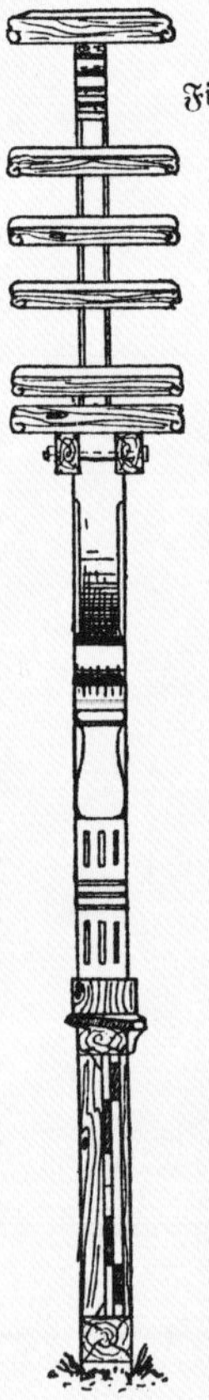

Fig. 32.

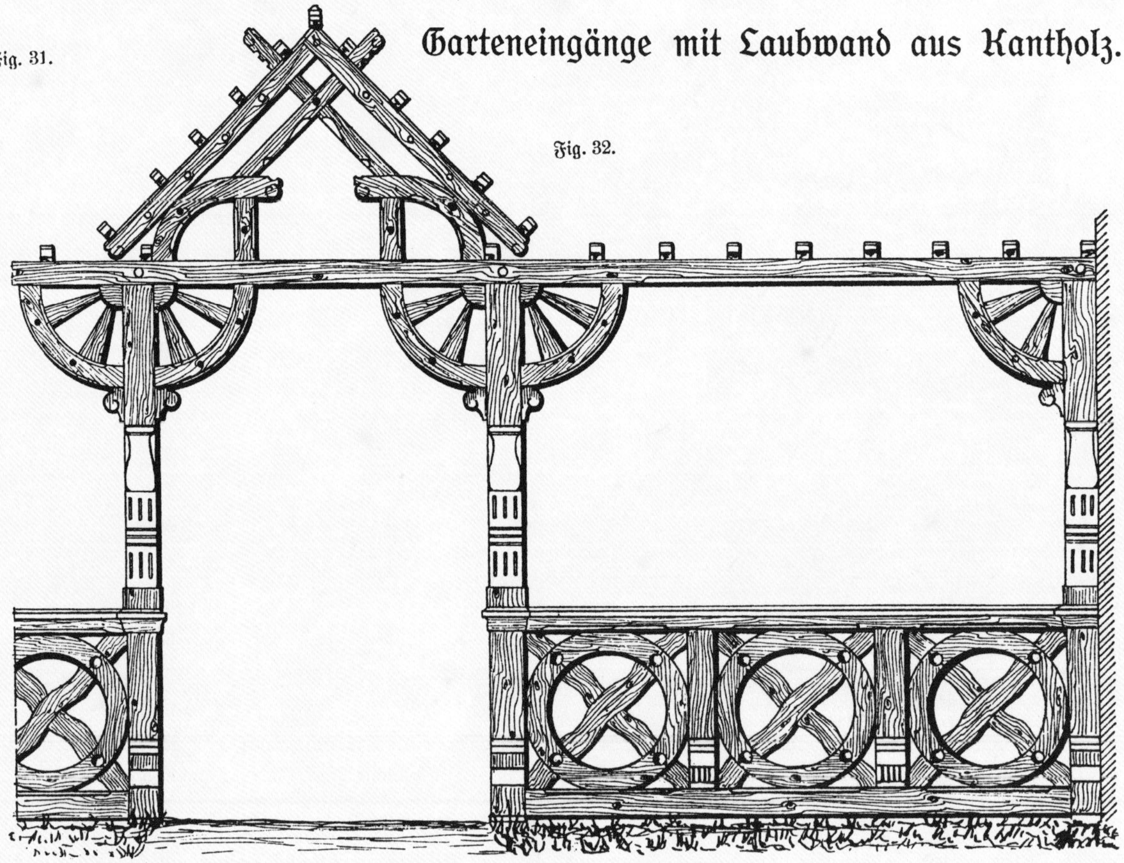

Fig. 33.

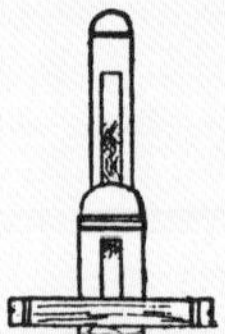

Fig. 34.

Derartige Eingänge mit Laubwand, wie in Fig 31 bis 34, sind einfach, aber doch im modernen Stil gehalten. Dies kann nur durch eine gefällige Fasung, sowie durch leicht geschwungene und runde Holzeinlagen erzielt werden.

Außerdem kann man durch bunte Farben und Absetzung der Fasen das Ganze bedeutend beleben. Man wird dadurch einen wohlgefälligen guten Eindruck erzielen.

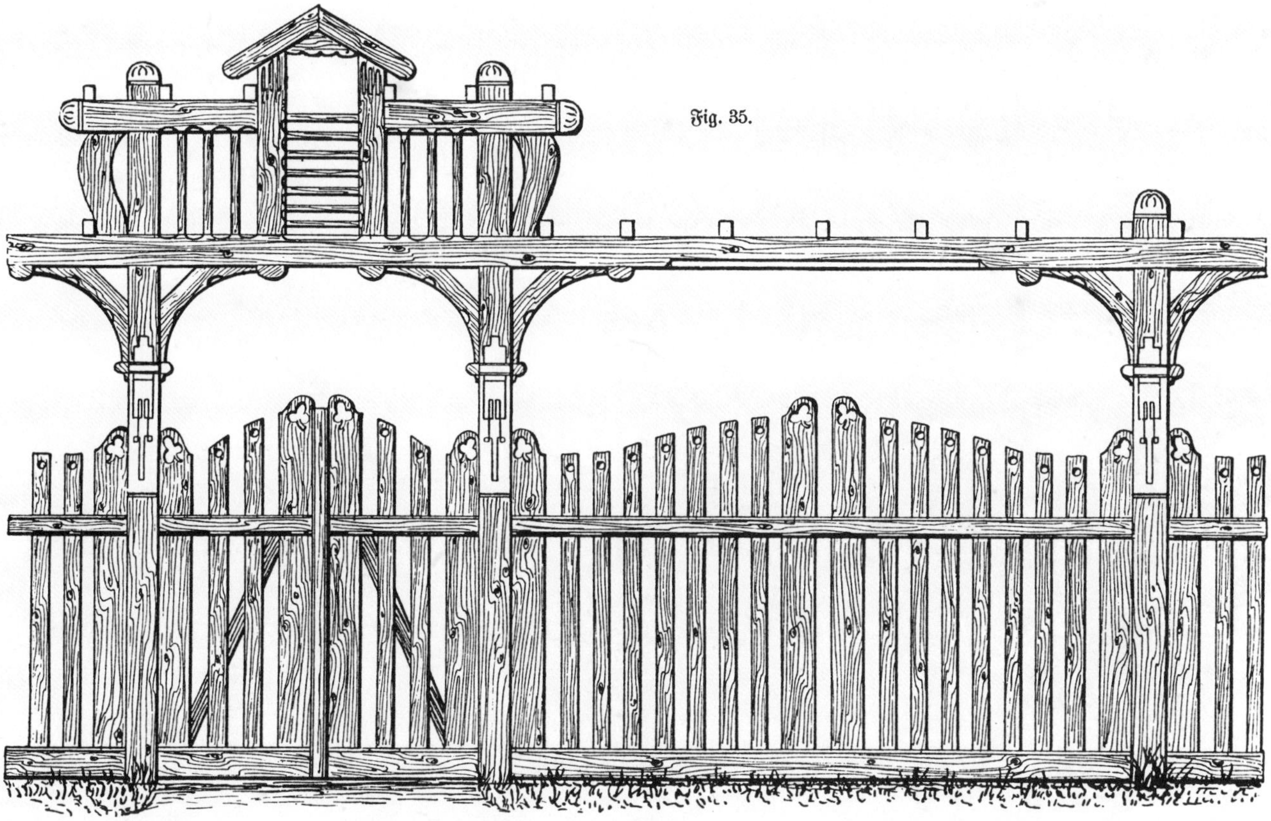

Fig. 35.

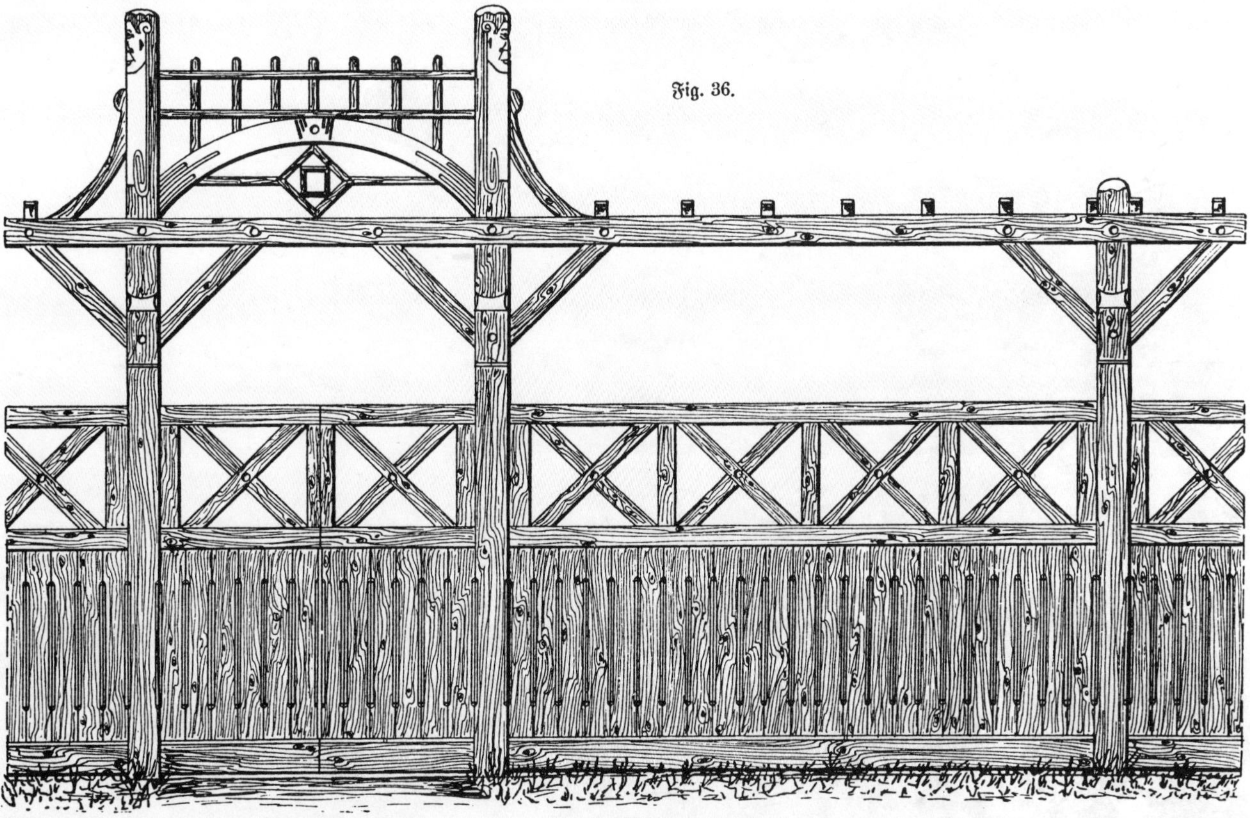

Fig. 36.

Die Eingänge, wie in Fig. 35 und 36, eignen sich zu Hauptumzäunungen und zu besseren Einfriedigungen. Dieselben sind Arbeiten moderner Zimmererkunst und deshalb an sämtlichen Enden und Köpfen in abgerundeter Form zu halten. Verzierungen können durch einfache Kerbschnitte angedeutet und durch Farben besonders hervorgehoben werden.

Einfahrten aus Kantholz.

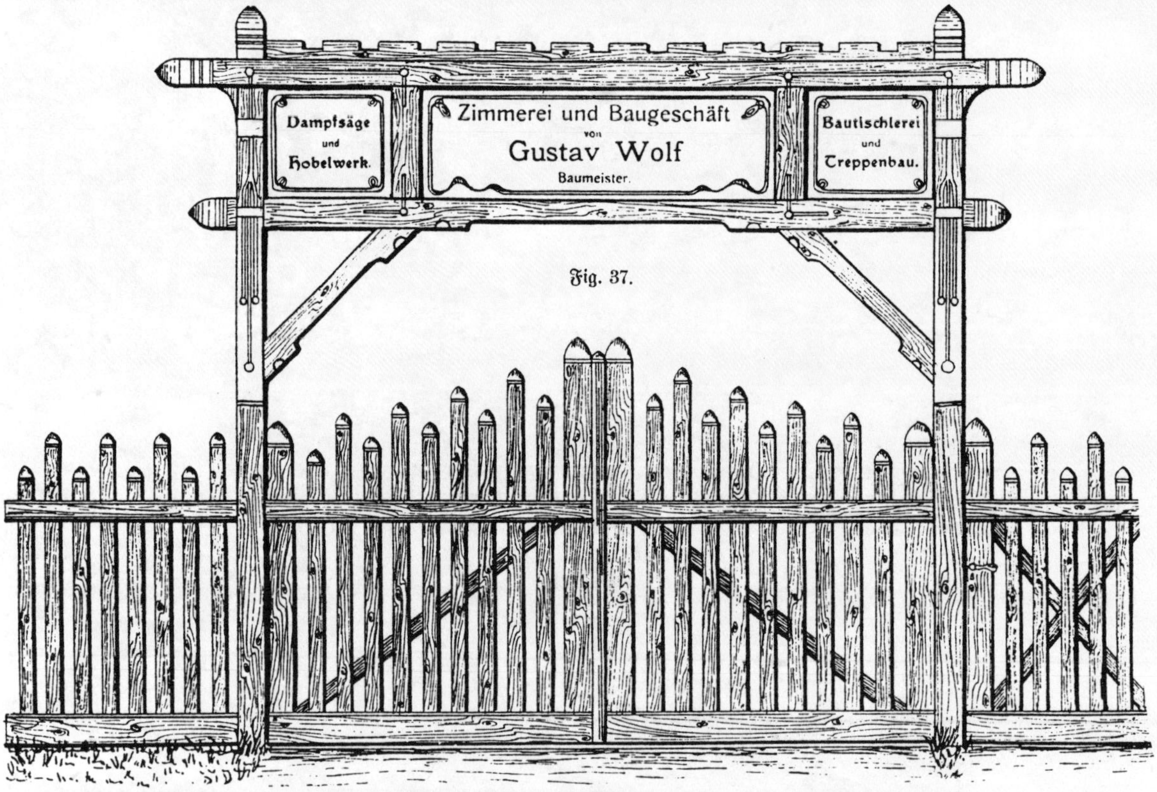

Fig. 37.

Fig. 38.

Bei den Einfahrten, wie in Fig. 37 bis 40, ist die Ausführungsweise wie bei den Garteneingängen. Jedoch ist darauf zu achten, daß bei der Überblattung nicht zu viel Holz aus den Säulen, sondern mehr aus den wagerechten Hölzern genommen wird.

Die geschwungenen Teile der Füllungen u. dgl. sind aus einfachen Brettern herzustellen und daher leicht in die angegebenen Formen zu bringen.

Einfahrten aus Kantholz.

Fig. 39.

Fig. 40.

Die Einfahrten, wie in Fig. 39 und 40, sind mit Laubwand versehen und eignen sich namentlich für Konzertgärten, Sportplätze und Kurparke. Die fisch- und schlangenförmigen Verzierungen sind am besten aus Bohlen herzustellen und mit einfacher Kerbschnitzerei zu versehen.

Massive Eingänge mit Kantholzlaubwand und Zaun.

Fig. 41.

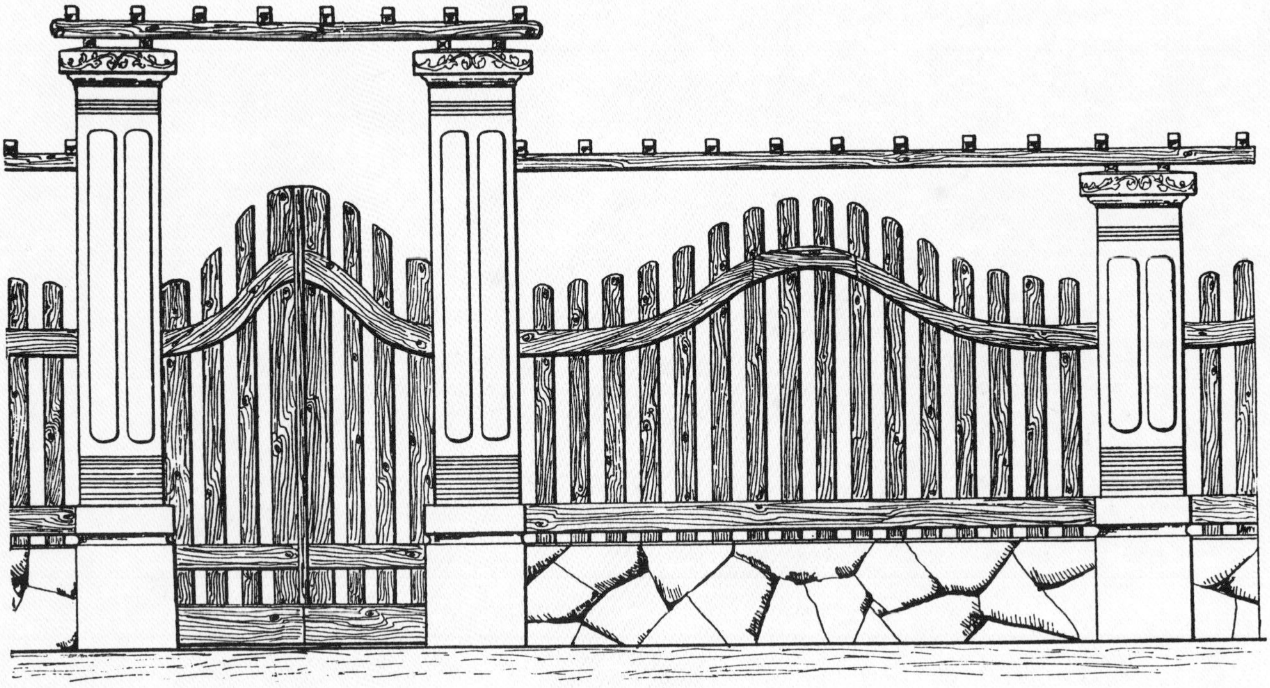

Fig. 42.

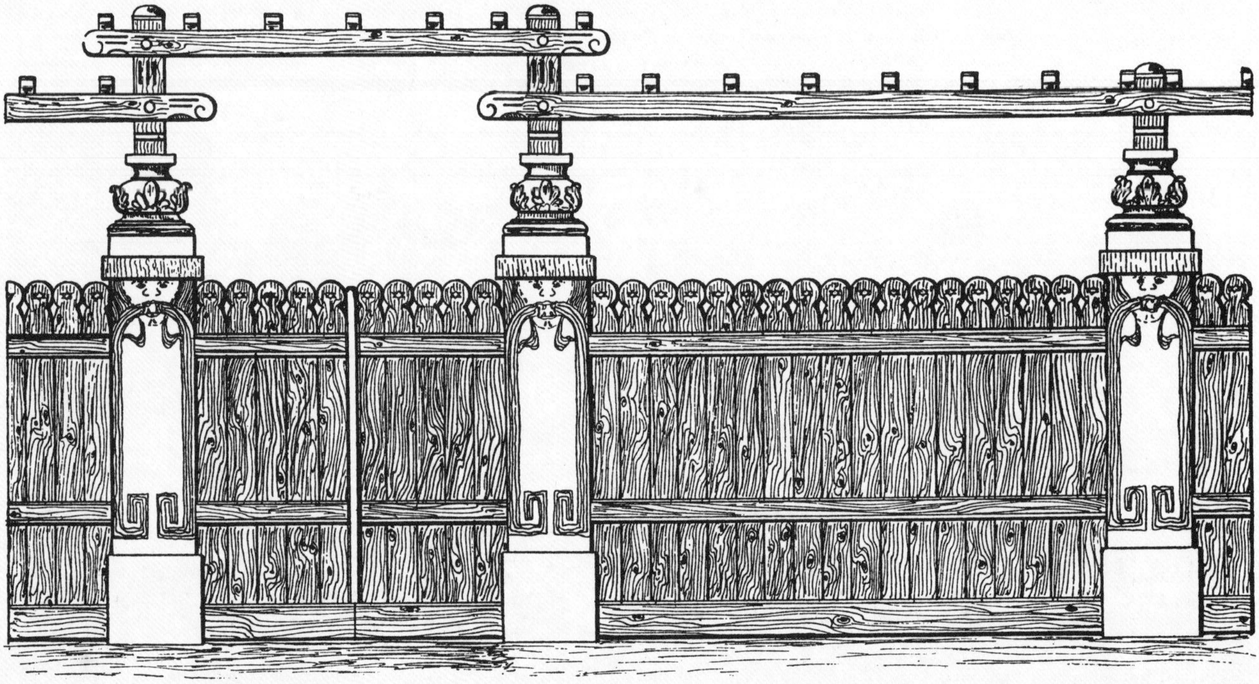

Die Pfeiler bei Eingängen, wie in Fig. 41 und 42, werden in der Regel aus Ziegel, Zement oder Sandstein hergestellt. Mithin ist die Laubwand und der Zaun durch eingemauerte oder einzementierte Eisen zu befestigen. Die Säulen, wie in Fig. 42, sind am besten durch eingesetzte Eisenbolzen stramm aufzusetzen oder aufzuschrauben.

Verschiedene Profilierungen von Planken und Säulenköpfen.

Fig. 43.

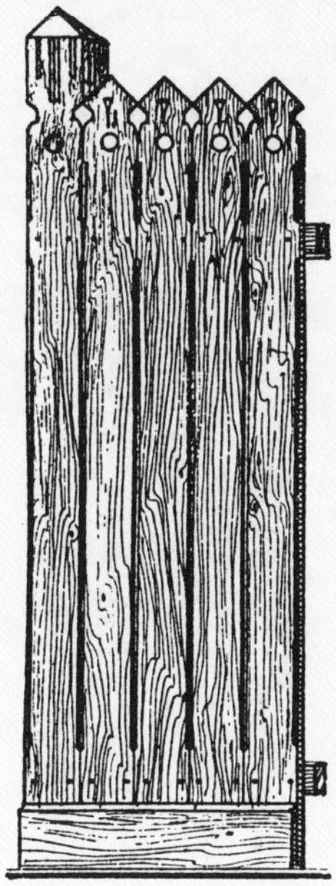

Fig. 44.

Fig. 45.

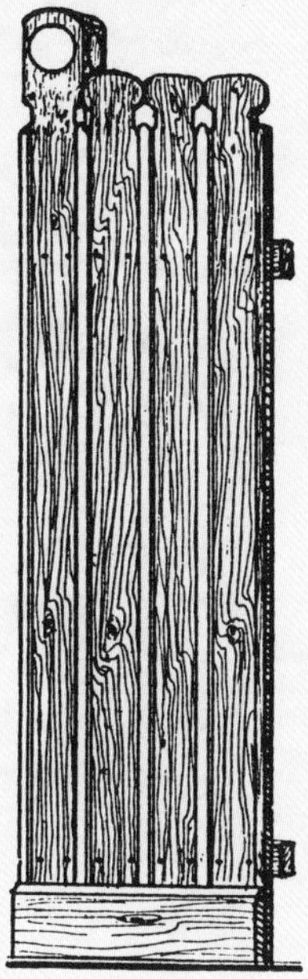

Fig. 46

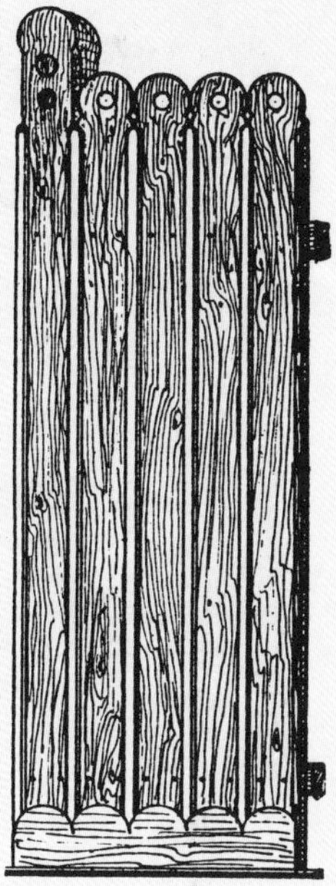

Fig. 47.

Fig. 48.

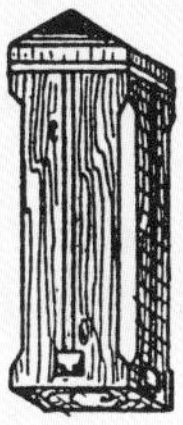

Fig. 49.

Fig. 50.

Fig. 51.

Fig. 52.

Fig. 53.

Fig. 54.

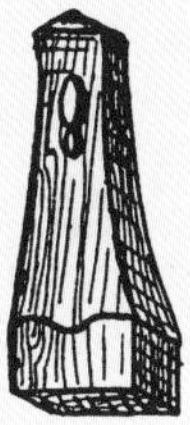

Fig. 55.

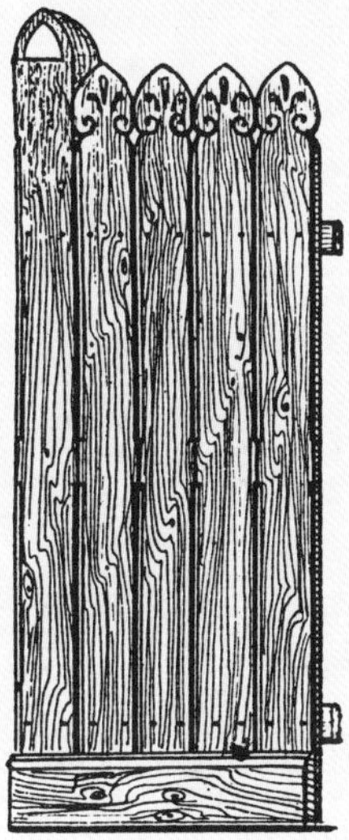

Fig. 56.

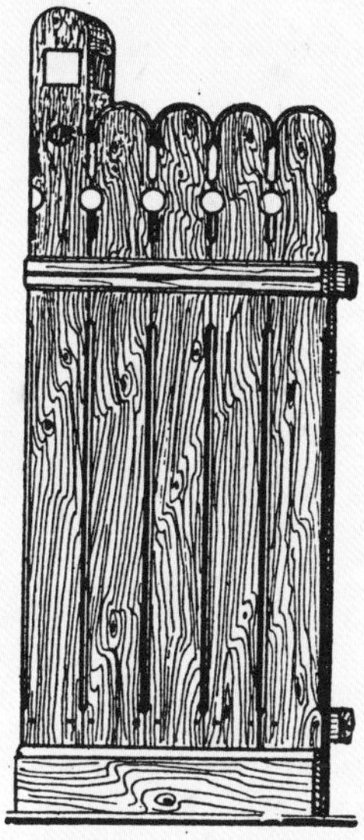

Fig. 57.

Fig. 58.

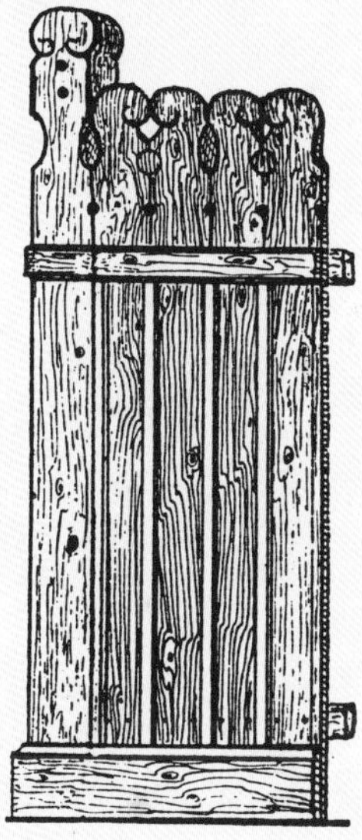

Laubbogen aus rundem Naturholz.

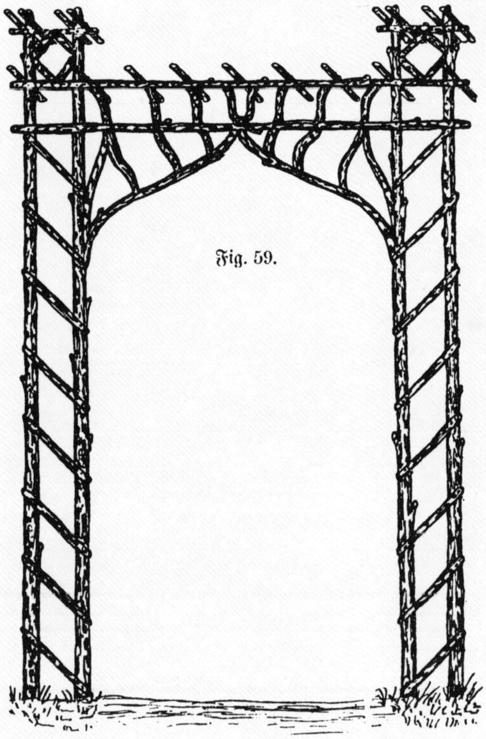

Fig. 59.

Fig. 60.

Fig. 61.

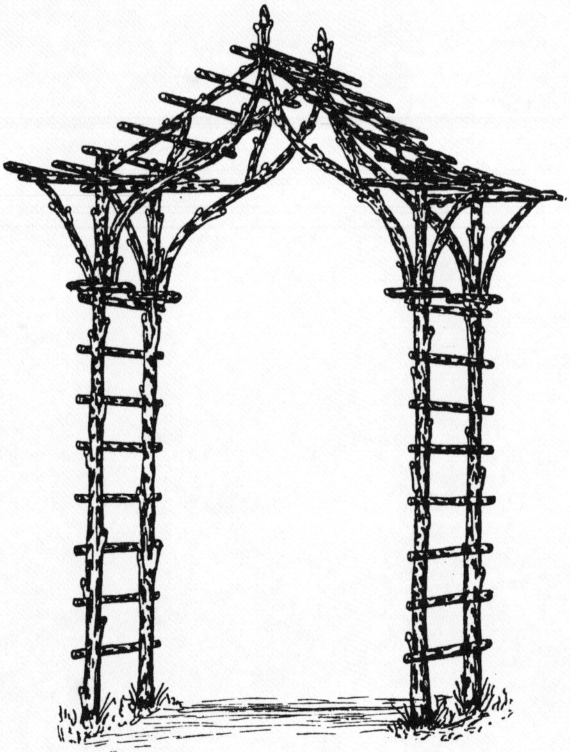

Fig. 62.

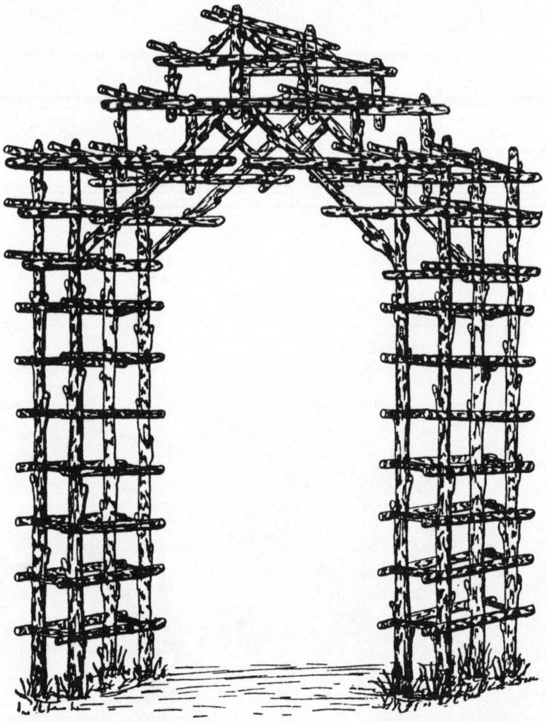

Die Laubbogen, wie in Fig. 59 bis 62, sind hier aus Birkenholz angenommen und dienen zur Verschönerung von Anlagen, wo sie als Durchgänge aufgestellt werden. Dieselben können aber auch aus Tanne, Fichte, Kiefer u. dgl. hergestellt werden, jedoch lassen sich die geschwungenen Teile am besten aus Birke soweit bringen und biegen. Hauptsächlich bepflanzt man sie mit wildem Weine, Kletterrosen oder anderen blühenden Schlingpflanzen, weshalb dieselben mit Laubsparren versehen werden müssen.

Laubbogen aus Kantholz.

Fig. 63.

Fig. 64.

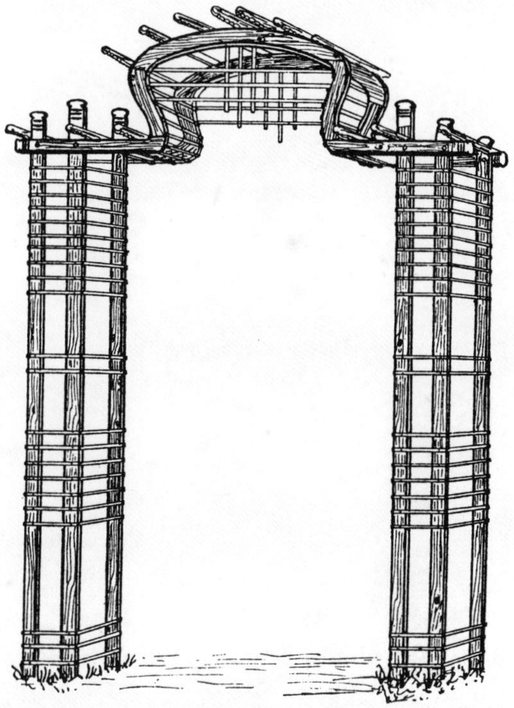

Fig. 65.

Fig. 66.

Derartige Laubbogen, wie in Fig. 63 bis 66, aus Kantholz werden am besten aus schwachem Stollenholz oder kräftigen Latten, welche dann als Hauptgestelle dienen, hergestellt.

Eine leichte Konstruktion gibt denselben ein gefälliges Aussehen. Es genügen hierzu vollständig Latten, denn sie dienen doch nur zur Aufnahme oder als Gestelle der Schlingpflanzen und es wäre daher unnütz, daß übermäßig starkes Holz genommen wird.

Um dem Laubbogen noch ein besonderes schönes Aussehen zu geben, empfiehlt es sich, denselben mit grellem Ölfarbenanstrich zu versehen.

II. Gartenlauben.

Die Gartenlauben sind hier ebenfalls wie die Garteneingänge u. dgl. aus Naturholz und aus kantig bearbeitetem Holze gegeben und unterscheiden sich als offene und geschlossene Lauben. Die Größe der Lauben ist sehr verschieden, denn dieselbe richtet sich je nach der Bauart und namentlich nach den Verhältnissen und dem Größenbedarf.

Man sollte jedoch bei kleinen Lauben darauf sehen, daß man in denselben einen Tisch und um den Tisch die erforderlichen Sitzplätze stellen kann. Es empfiehlt sich daher bei solchen Lauben, das innere Maß der Länge und Breite möglichst nicht unter 2,50 Meter zu halten. Das innere Maß der Laubenhöhe sollte namentlich bei geschlossenen Lauben mindestens 2,50 Meter sein, da sonst die Hitze bei heißen Tagen in denselben sehr drückend wird. Aus diesem Grunde sollten die Lauben, besonders bei Teerpappdächern, oben stets gegenüberliegende Öffnungen haben, so daß dieselben genügende Lüftung erhalten.

Die Türgröße der Lauben kann beliebig sein, jedoch nie unter 0,75 Meter Breite und 1,90 Meter Höhe. Um die Lauben vor Feuchtigkeit zu schützen, wolle man dieselben mindestens 20 Zentimeter über der Erde auf Steine stellen und niemals mit Schwellen und Fußböden direkt auf den Erdboden.

Laub- und Schattendächer aus Naturholz.

Fig. 67.

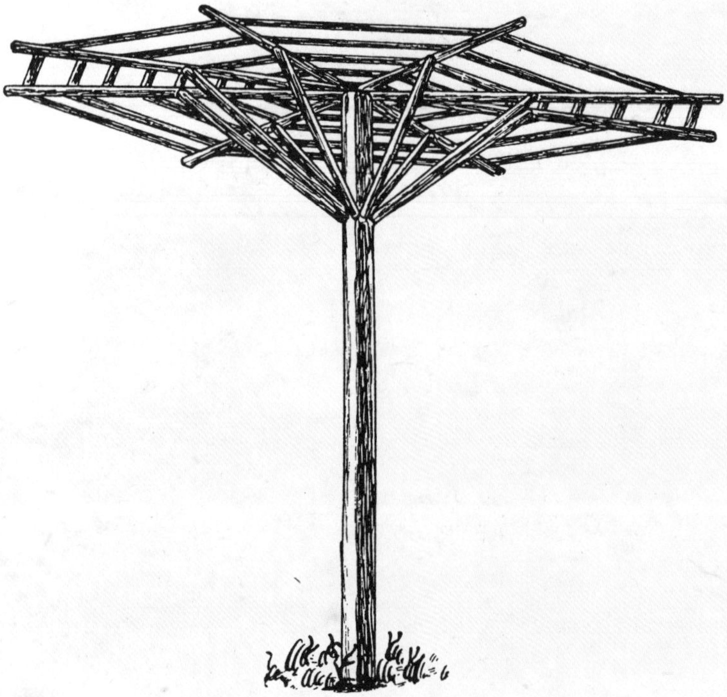

Fig. 68.

Die Laub- und Schattendächer werden meistens hergestellt, um im Freien Schatten zu haben. Vielfach sind dieselben nur mit Laubsparren versehen, wie in Fig. 67, so daß der Schatten durch wilden Wein oder ähnliche Schlingpflanzen erzielt werden kann. Man findet dieselben auch unter hierzu geeigneten Bäumen u. dgl., wo sie sogar mit Vorliebe angebracht werden. Soll das Dach auch für Regen schützen, so wolle man die einsäuligen Dächer möglichst mit leichter Bedachung versehen. Hierzu eignet sich am besten Teerpappe, Schiefer und Zink. Man kann auch, um es recht kühl und angenehm zu haben, ein Strohdach, wie in Fig. 68, herstellen.

Naturholzlauben aus Tanne, Fichte, Kiefer u. dgl.

Fig. 69.

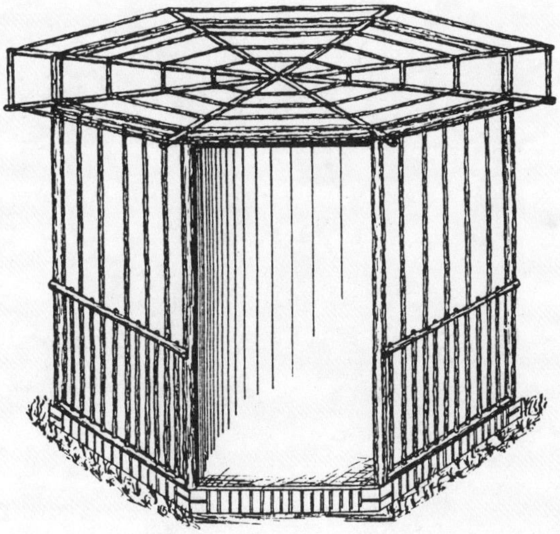

Fig. 70.

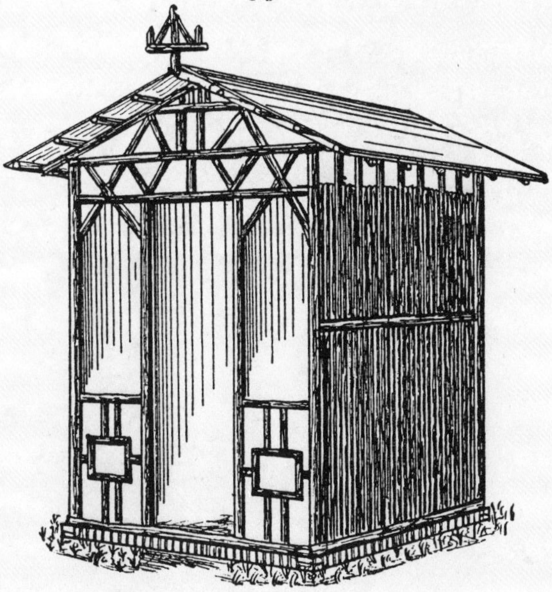

Fig. 71.

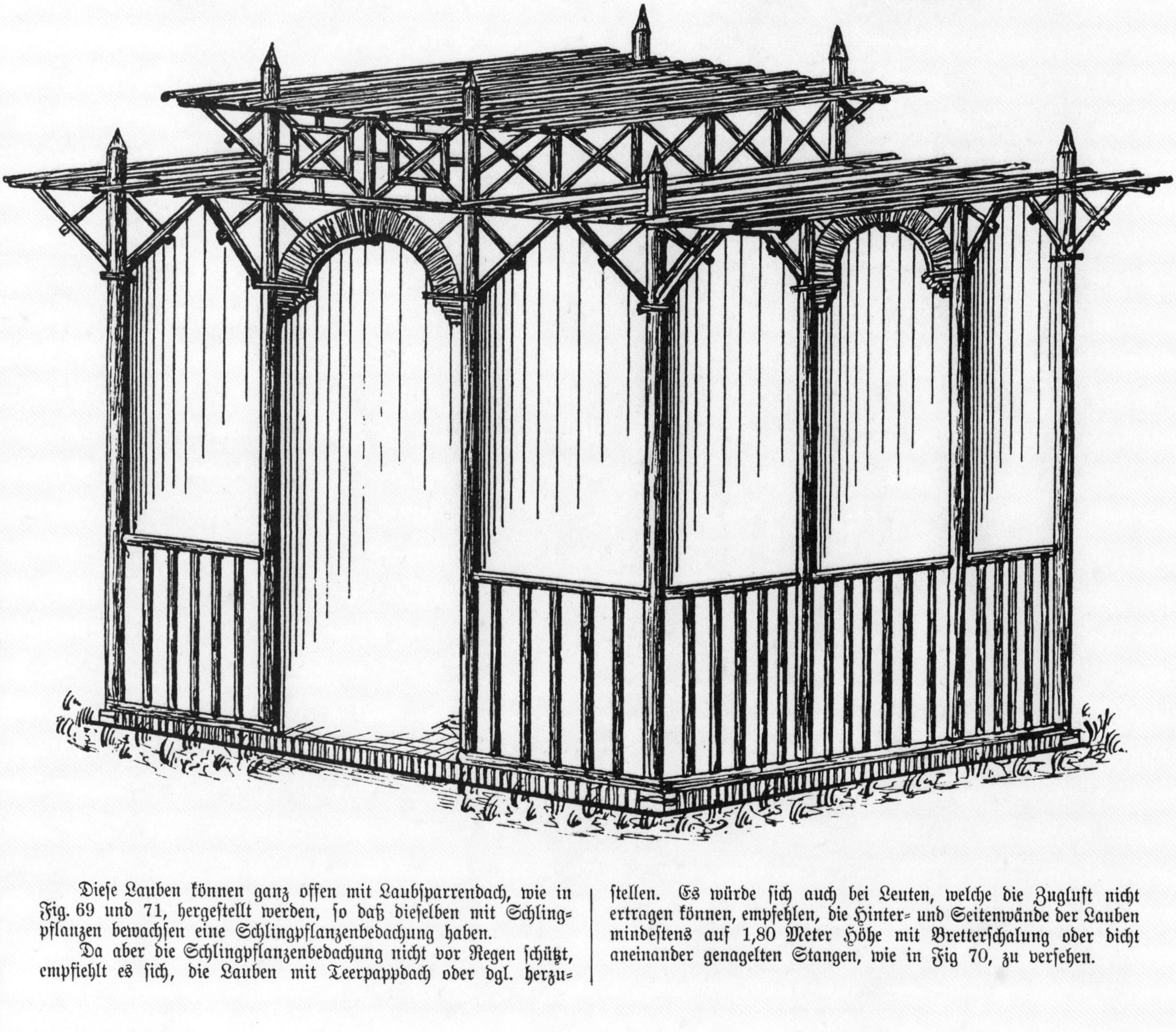

Diese Lauben können ganz offen mit Laubsparrendach, wie in Fig. 69 und 71, hergestellt werden, so daß dieselben mit Schlingpflanzen bewachsen eine Schlingpflanzenbedachung haben.

Da aber die Schlingpflanzenbedachung nicht vor Regen schützt, empfiehlt es sich, die Lauben mit Teerpappdach oder dgl. herzustellen. Es würde sich auch bei Leuten, welche die Zugluft nicht ertragen können, empfehlen, die Hinter- und Seitenwände der Lauben mindestens auf 1,80 Meter Höhe mit Bretterschalung oder dicht aneinander genagelten Stangen, wie in Fig 70, zu versehen.

Naturholzlauben aus Tanne, Fichte, Kiefer u. dgl.

Fig. 72.

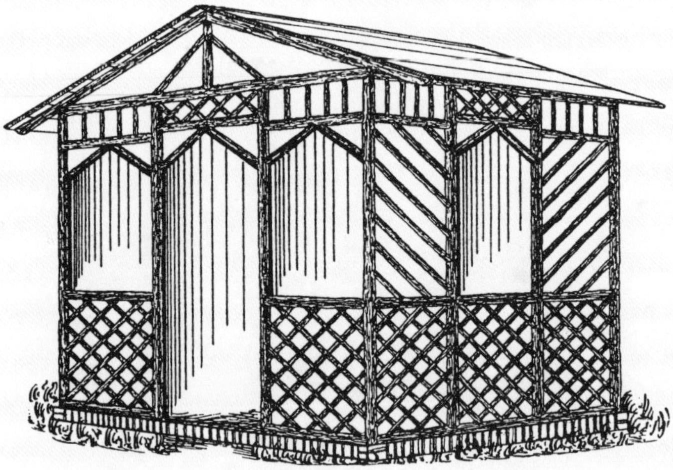

Fig. 73.

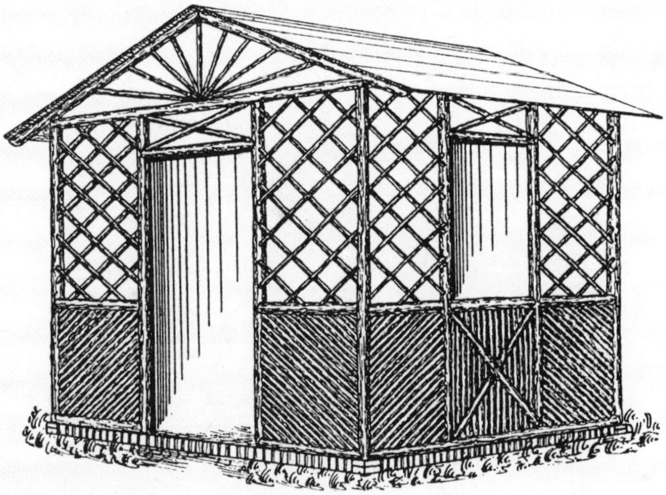

Fig. 74.

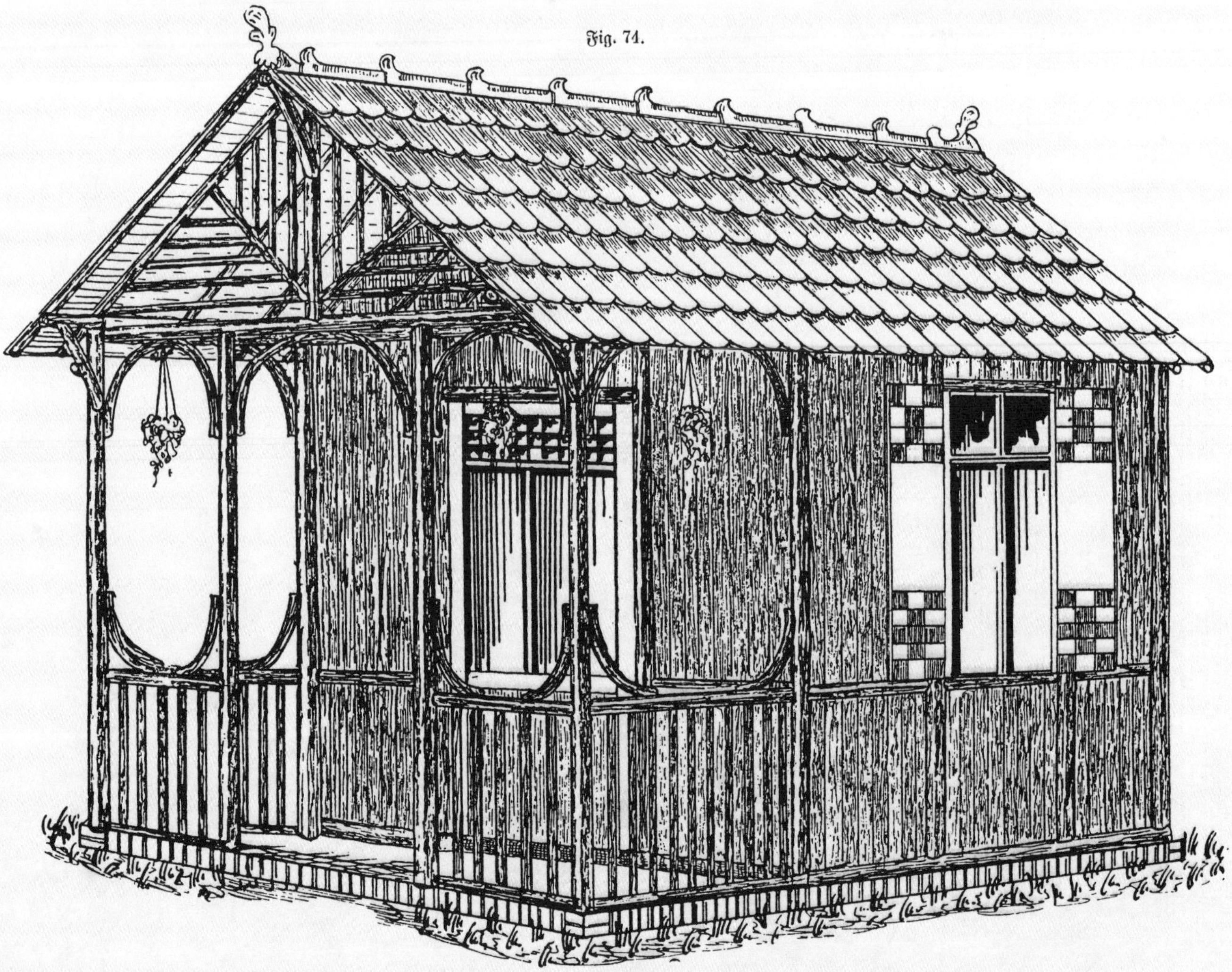

Die offenen Lauben, wie in Fig. 72 und 73, werden in der Regel mit einem Teerpappdach hergestellt und um in denselben eine Wandfläche zu haben, die Hinterwand mit Brettern geschalt.

Dagegen sind die geschlossenen Lauben, wie in Fig. 74, als Gartenhaus mit Tür und Fenster und auf allen Seiten mit Wandschalung versehen. Außerdem mit offener Vorlaube, wodurch der Eingang gleichzeitig vor Wetter geschützt wird.

Fig. 75.

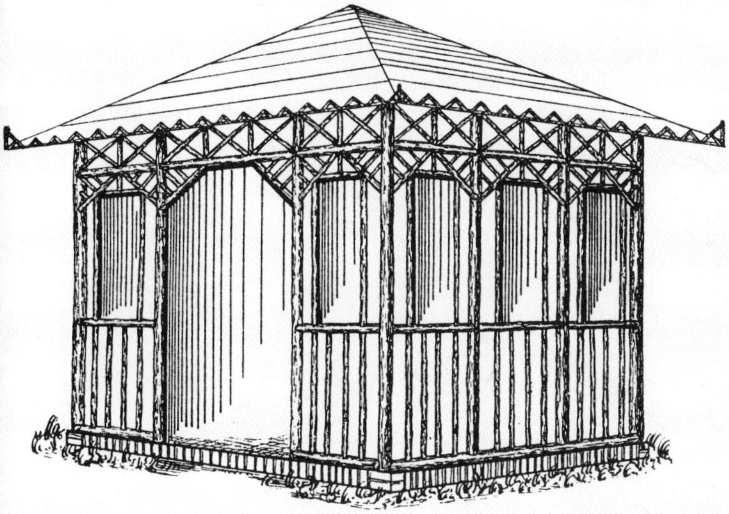

Fig. 76.

Fig. 77.

Die Lauben können durch eine schöne Dachform sehr gutes Aussehen erhalten. Man kann deshalb die Lauben mit einem einfachen Zeltdach, wie in Fig. 75, versehen und um dasselbe noch zu verschönern, einen Aufbau (turmähnlich), wie in Fig. 76, darauf setzen. Ebenso trägt das Ineinanderliegen der Dächer, wie in Fig. 77, sehr zur Verschönerung der Laube bei.

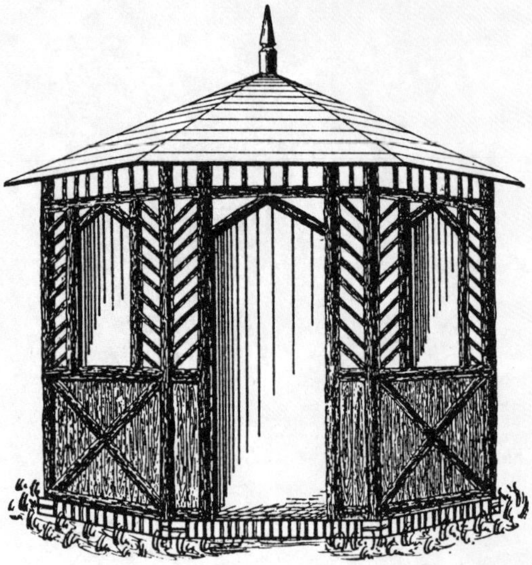

Fig. 78.

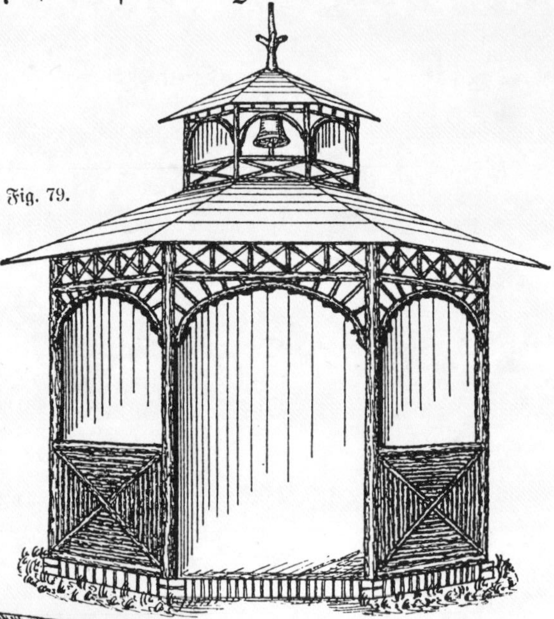

Fig. 79.

Fig. 80.

Bei den Lauben in achteckiger Grundform, wie in Fig. 78 und 79, erhält man zugleich auch eine schöne Dachform, weshalb vielfach bei Walmdächern eine halbe Achteckgrundform, wie in Fig. 80, gewählt wird.

Sollen die Lauben ein natürliches Aussehen erhalten, so kann man die Bretterfüllungen und Wandschalungen mit beliebiger Baumrinde, wie in Fig. 78, oder mit Waldlatten bzw. Stangen, wie in Fig. 79 und 80, bekleiden.

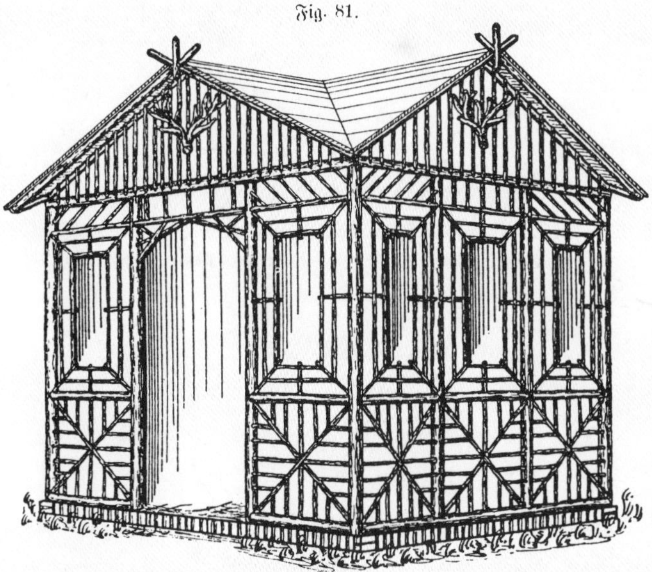

Fig. 81.

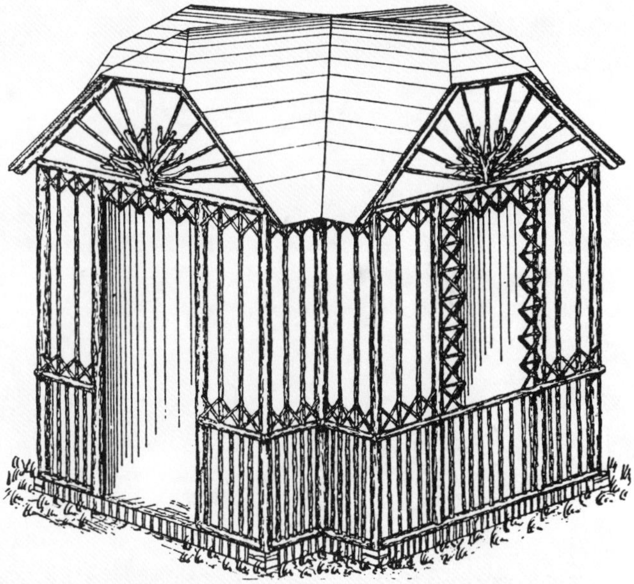

Fig. 82.

Fig. 83.

Die Lauben mit ineinanderliegenden Dachflächen geben durch die dadurch entstehenden Giebel, wie in Fig. 81 bis 83, eine gefällige Ansicht, zumal wenn die Giebelspitzen, wie in Fig. 82 und 83, etwas abgewalmt sind. Bei solchen Dächern entstehen jedoch Kehlen, die man nicht immer empfehlen kann.

Naturholzlauben aus Tanne, Fichte, Kiefer u. dgl.

Fig. 84.

Fig. 85.

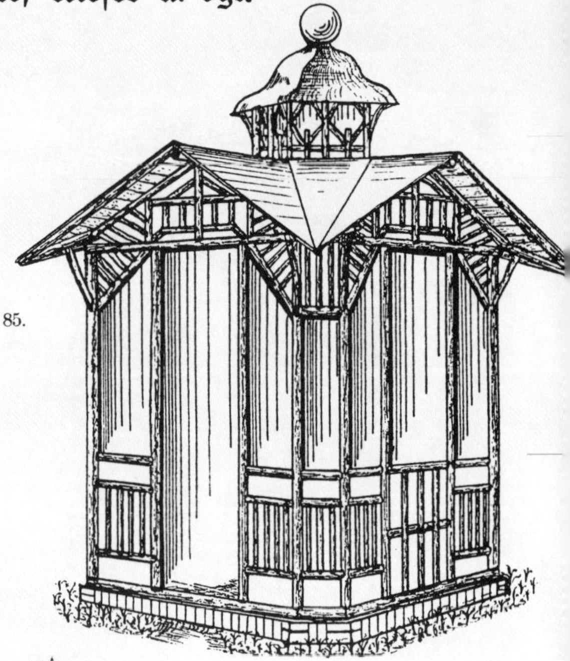

Fig. 86.

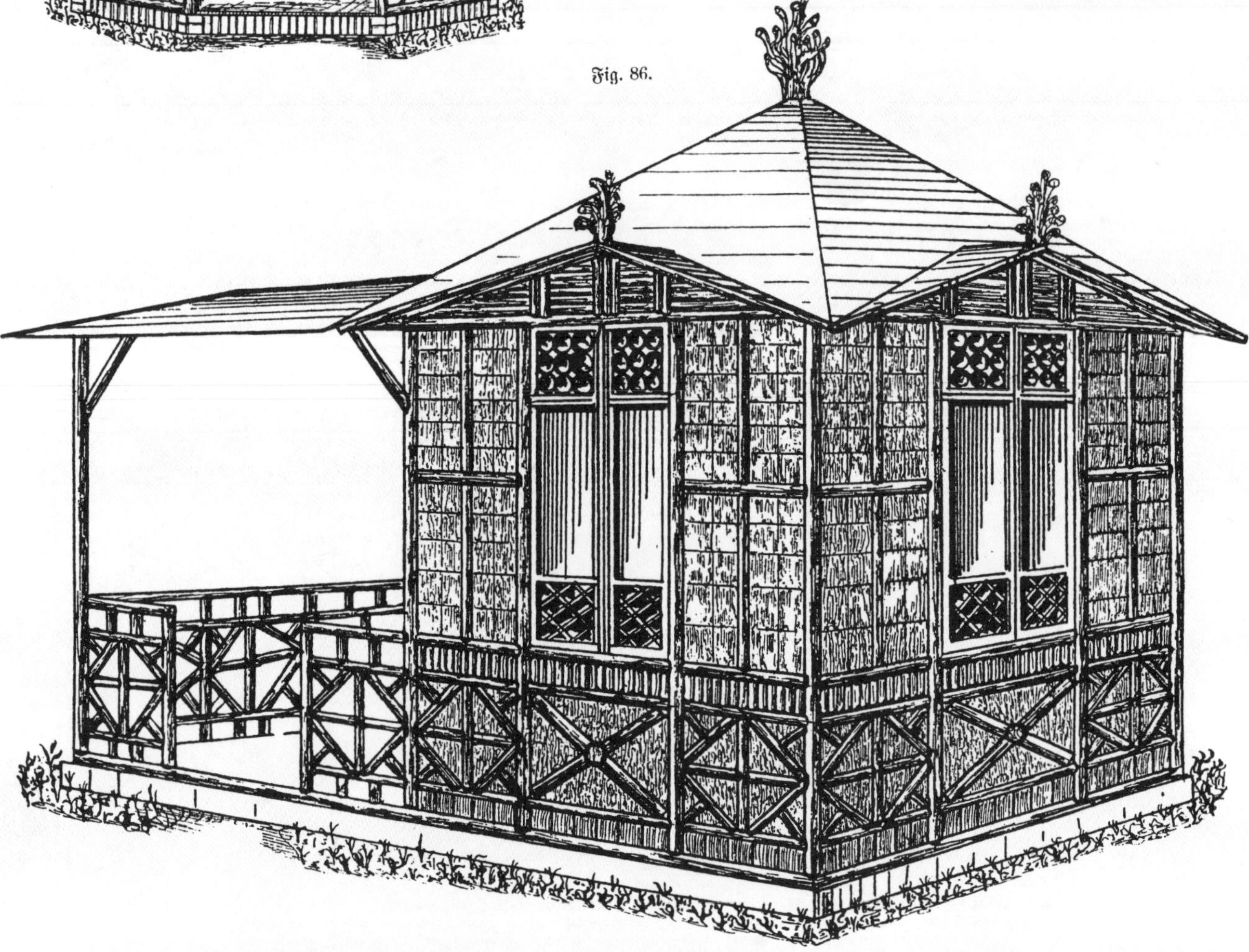

Bei den Lauben mit achteckiger Grundform pflegt man die Giebel nur auf vier gegenüberliegenden Seiten herzustellen, daß zwischen den Giebeln je eine Dachfläche mit wagerechter Traufe, wie in Fig. 84, entsteht. Werden die Ecken der Lauben nur wenig gebrochen, so kann man die Giebel und Kehlen unten in dem Traufpunkt zusammengehen lassen und die zwischenliegenden Dachflächen oben in einer entgegengesetzten viereckigen Grundform mit einem Aufbau, wie in Fig. 85, abschließen.

Die flachneigenden Giebel, wie in Fig. 86, können direkt auf der Zeltdachschalung aufgebaut werden und bedürfen daher keiner besonderen Konstruktion. Die mit Baumrinde zu bekleidenden Fachfüllungen der Wände können bei Naturlauben, wie in Fig. 86, durch quadratförmige Stücken oder abwechselnden Formen u. dgl. sehr verschönert werden, weshalb eine derartige Bekleidung zu empfehlen ist.

Naturholzlauben aus Eiche und Birke.

Fig. 87.

Fig. 88.

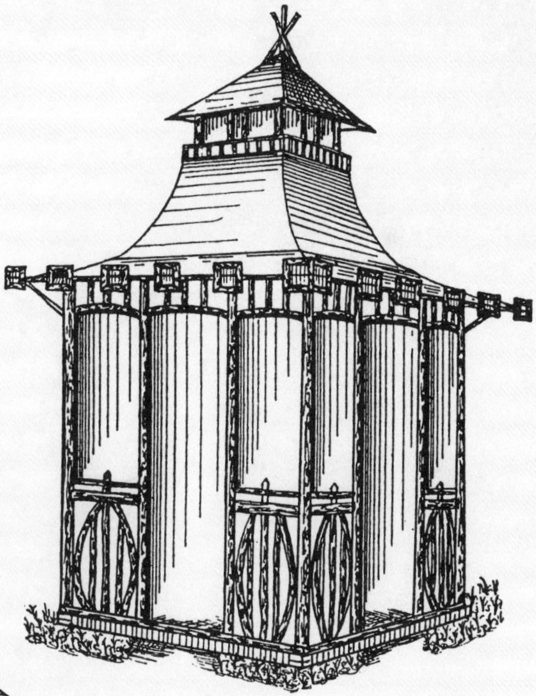

Fig. 89.

Naturholzlauben aus geschälter Eiche, wie in Fig. 87, sind oft zur Zierde der Gärten, zumal, wenn dieselben sauber ausgeführt, gleich mit Firnis gestrichen und mit Luftlack lackiert werden. Die Ausführungsweise derselben ist ähnlich wie bei den vorstehenden eichenen Zäunen, daß alles möglichst wie gewachsen erscheint. Die birkenen Naturholzlauben, wie in Fig. 88 und 89, können ebenfalls zur Zierde gebaut werden, denn das Holz gibt, wie schon erwähnt, durch die weiß-bunte Rinde ein sehr gefälliges Aussehen und kann, da es sehr biegsam ist, in alle möglichen Formen gebogen werden. Um den Dächern der Lauben eine schöne Form zu geben, kann man die Grate auch von den Giebelspitzen ausnehmen, so daß die Dachflächen unten auf den Ecken auslaufen, wie in Fig. 89.

Altertümliche Naturholzlauben mit Strohdach.

Fig. 90.

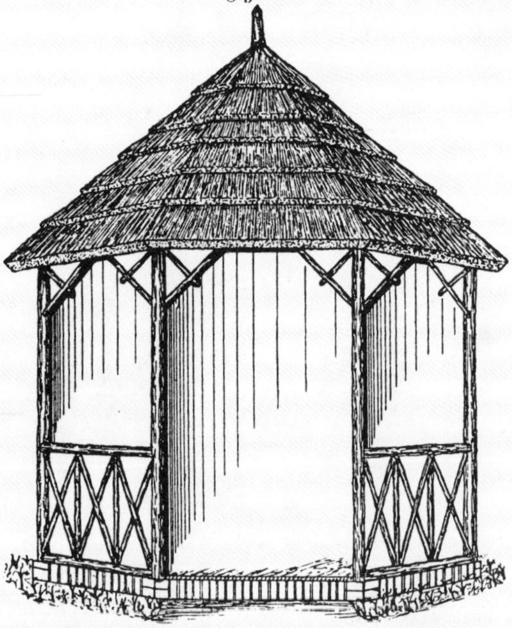

Fig. 91.

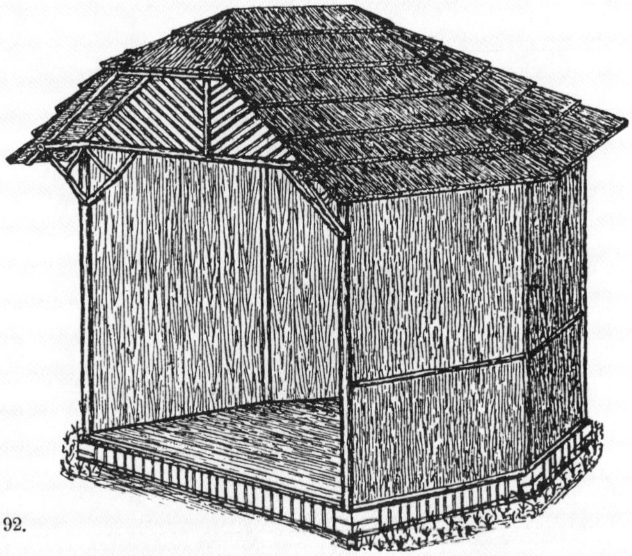

Fig. 92.

Diese Art Lauben kommt seltener zur Ausführung und doch gibt es Liebhaber, welche dieselben, namentlich in besseren Gärten, wegen ihr altertümliches Aussehen mit Vorliebe herstellen lassen.

Viele haben die Lauben auch deshalb gern, weil es in denselben bei heißen Tagen sehr kühl und angenehm ist.

Gartenlauben aus Kantholz.

Fig. 93.

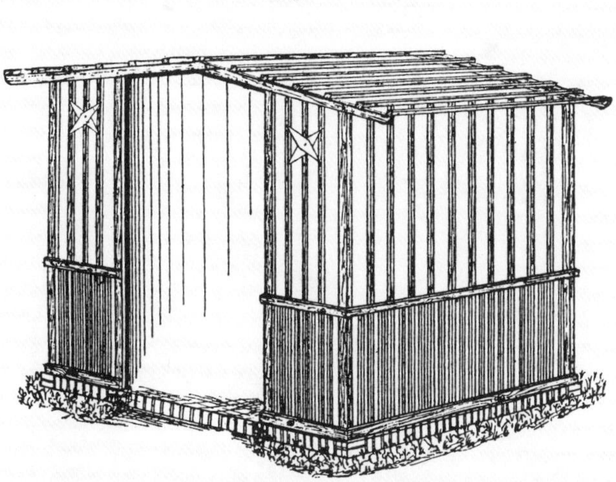

Fig. 94.

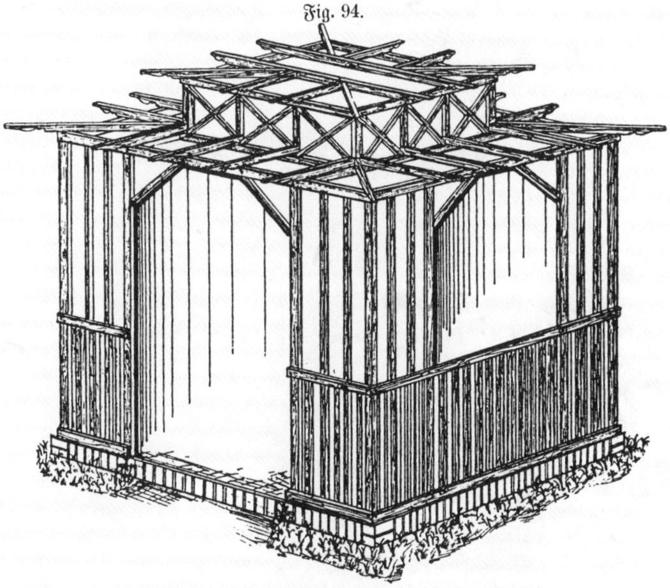

Fig. 95.

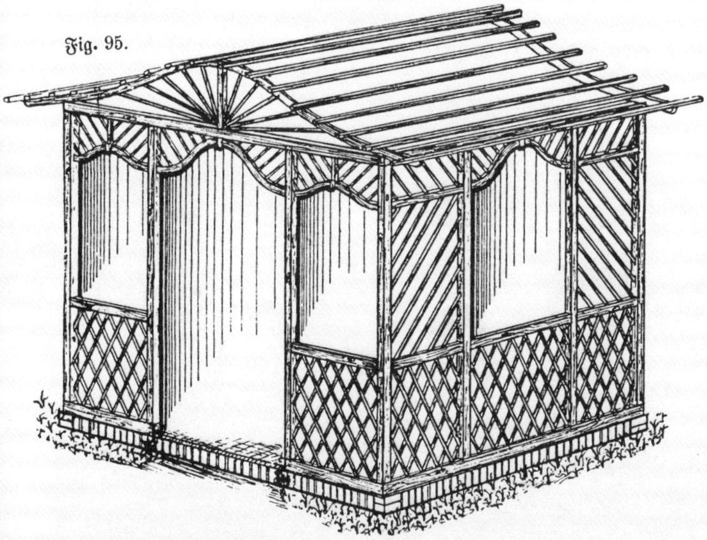

Fig. 96.

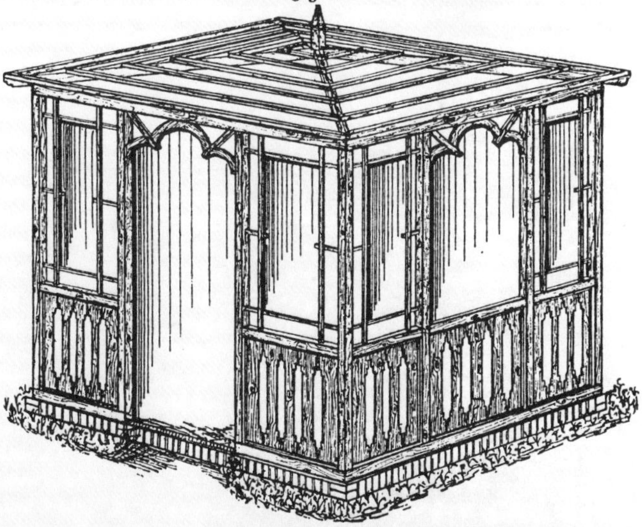

Fig. 97.

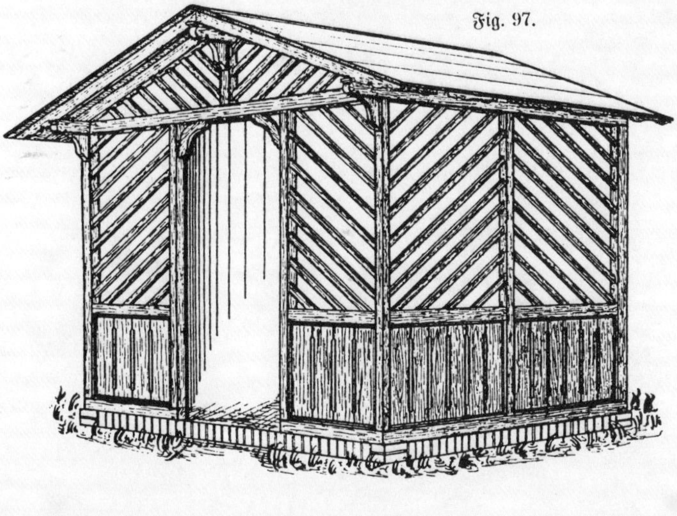

Fig. 98.

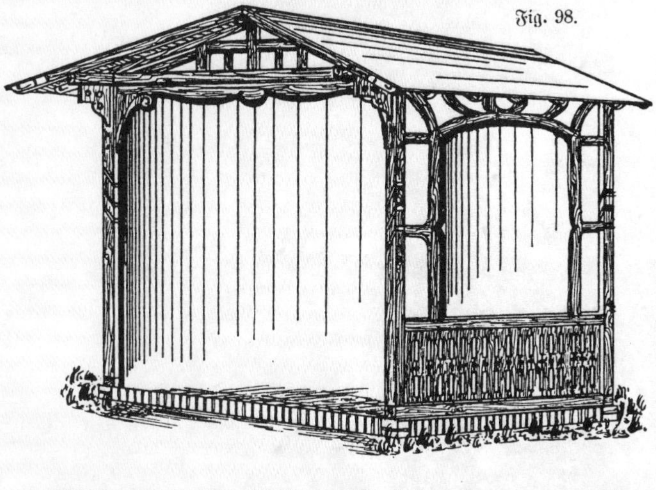

Die Lauben aus kantigem Holze können rauh, gehobelt und in allen möglichen Formen profiliert werden. Am einfachsten sind die ganz offenen Lauben, die man nur aus Latten, wie in Fig. 93 und 94, herstellt.

Werden die Lauben jedoch aus Kantholz zusammengezapft, so erfordern dieselben, namentlich mit Fachfüllungen und bogenförmigen Stücken, wie in Fig. 95 bis 98, bedeutend mehr Arbeit.

Gartenlauben aus Kantholz.

Fig. 99.

Fig. 100.

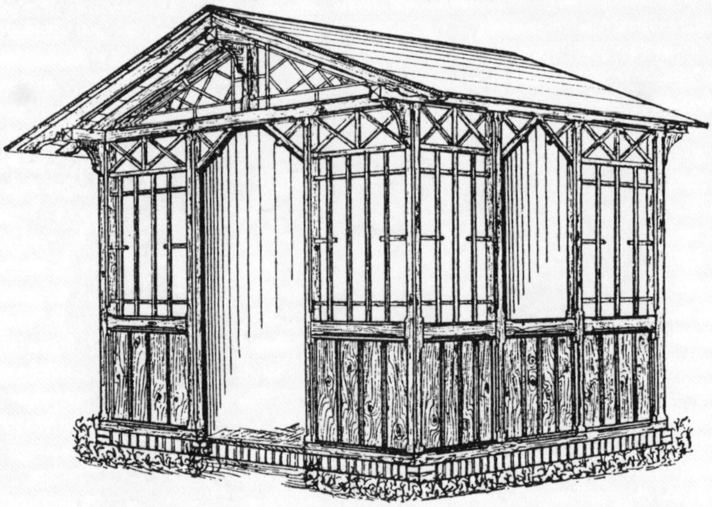

Fig. 101.

Bei den offenen Lauben sind die Fachfüllungen u. dgl., wie in Fig. 99 und 100, stets in der Mitte der Holzstärke zu halten, während man bei den geschlossenen Lauben, wie in Fig. 101, darauf sehen muß, daß man im Innern der Laube möglichst bündige Wandflächen erhält. Mithin muß die Holzstärke der Zwischensäulen in der Ansicht der Ecksäulen gleich sein und in der Wandstärke aber nur bis zur Innenseite der Wandschalung reichen. Die Riegel müssen dann, damit man die Bretter der lotrechten Wandschalung durchgehend nehmen kann, noch um Brettstärke schwächer sein.

Die Wandschalung außen zu nehmen, daß die volle Riegelstärke innen vorsteht, ist in keinem Falle zu empfehlen. Besser wäre es schon, wenn man die Fachfüllungen in die Mitte der Holzstärke setzt und auf beiden Seiten mit Eckleisten versieht.

Fig. 102.

Fig. 104.

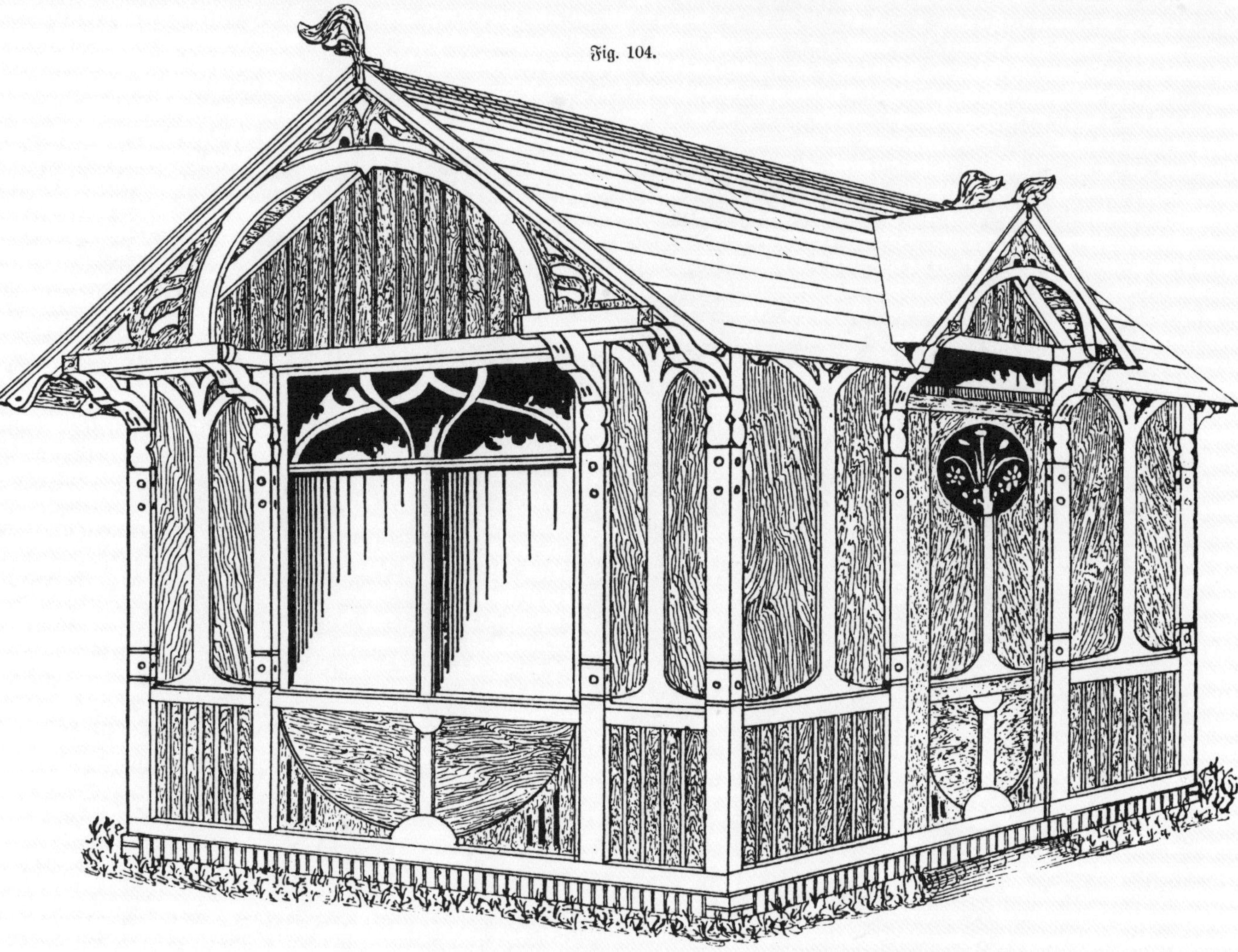

Der Vordergiebel bei Lauben, wie in Fig. 102 und 103, trägt sehr viel zur Verschönerung bei und muß deshalb etwas geschmackvoll ausgeführt werden. Ebenso auch andere Giebel, welche, wie in Fig. 104, zur Ansicht kommen. Man kann auch die Lauben durch abwechselnde Wandbekleidung und profilierte Giebelverzierung u. dgl., wie in Fig. 104, bedeutend verschönern, zumal, wenn dieselben mit einem wirkungsvollen abgesetzten Farbenanstrich versehen werden.

Gartenlauben aus Kantholz.

Fig. 105.

Fig 106.

Fig. 107.

Die offenen Lauben erhalten durch Kopfbänder, wie in Fig. 105, oder durch Bogen, wie in Fig. 106, ein gutes Aussehen und sind, namentlich wo Verstrebung notwendig ist, zu empfehlen. Auch mit kleinen Turmdachaufbauten werden die Lauben, insbesondere die geschlossenen, wie in Fig. 107, sehr gut ausgestattet und deshalb vielfach hergestellt.

Fig. 108.

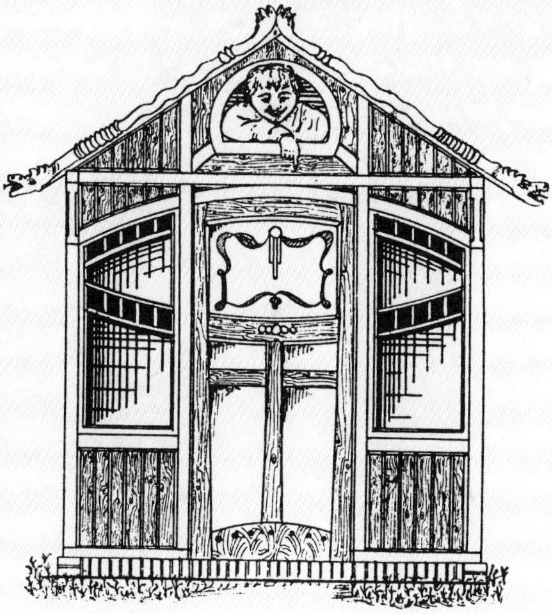
Fig. 109.

Fig. 110.

Fig. 111.

Bei den Lauben kommt es oft vor, daß dieselben nicht von allen Seiten sichtbar werden. Man pflegt dann in der Regel nur die vordere Giebelseite oder die zur Ansicht kommenden Seiten zu verzieren, wie in Fig. 108 bis 111. Hierbei kann das Dach, wenn dasselbe nicht sichtbar wird, auch in Pultdachform mit seitwärts oder nach hinten fallender Dachneigung hergestellt werden, denn meistens ist in solchen Fällen des Wasserabflusses wegen, nur eine Traufe möglich.

Gartenlauben aus Kantholz.

Fig. 112.

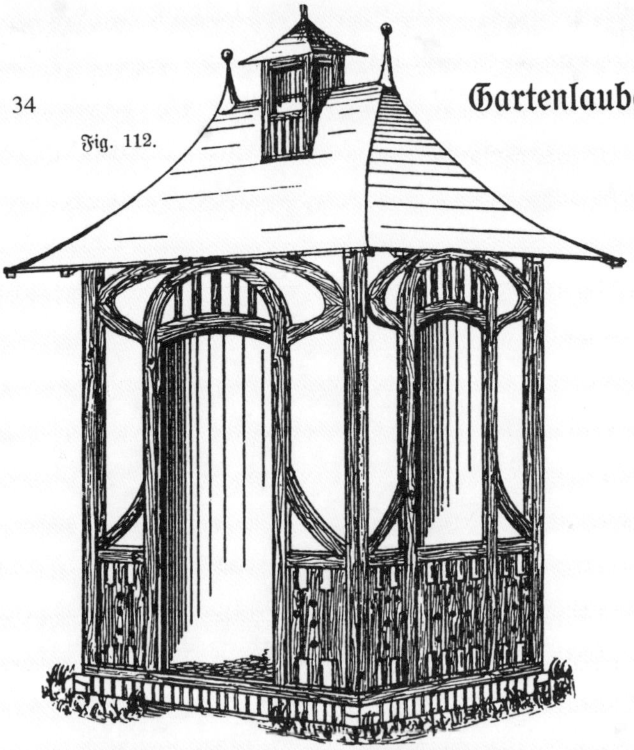

Fig. 113.

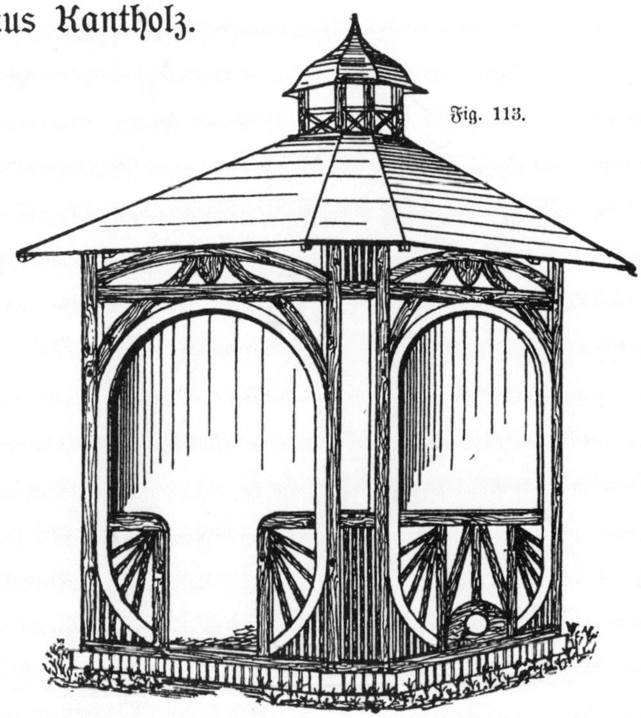

Fig. 114.

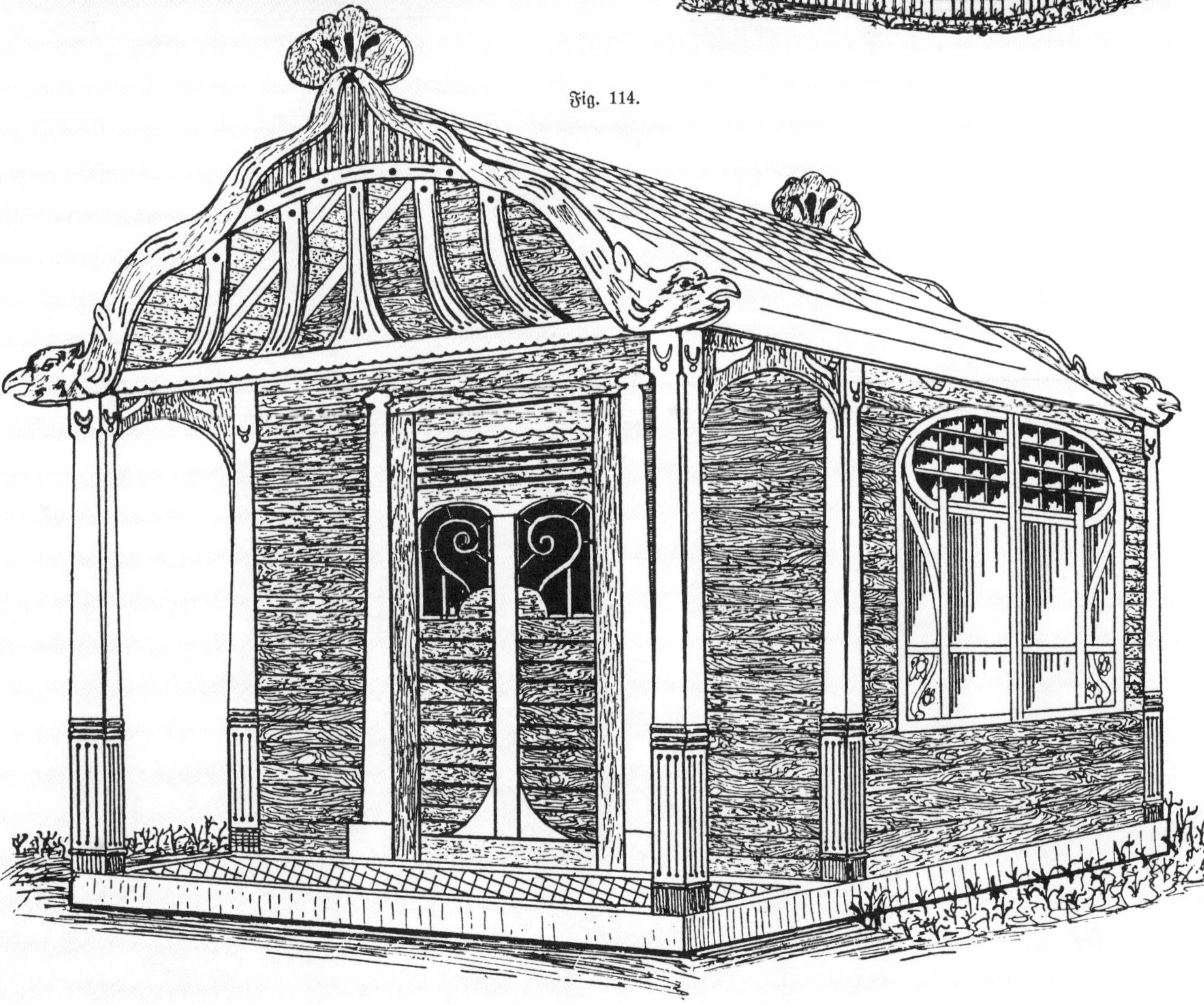

Die Gartenlauben, welche als offene Pavillons im Freien stehen sollen, können von allen Seiten offen sein und werden, wenn alles, wie in Fig. 112 und 113, in geschwungener Form gehalten wird, sehr modern. Auch geschlossene Lauben sind durch ähnliche Verzierungen, wie in Fig. 114, der Neuzeit entsprechend.

Fig. 115.

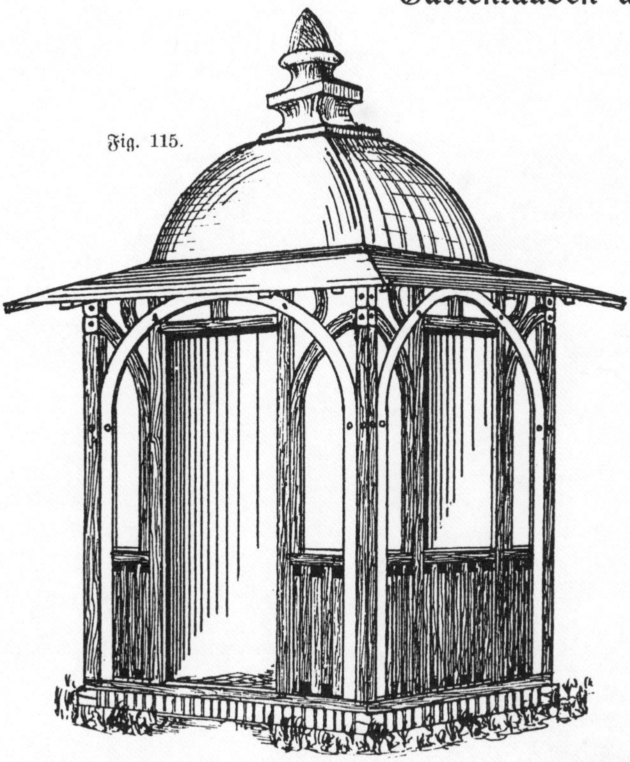

Fig. 116.

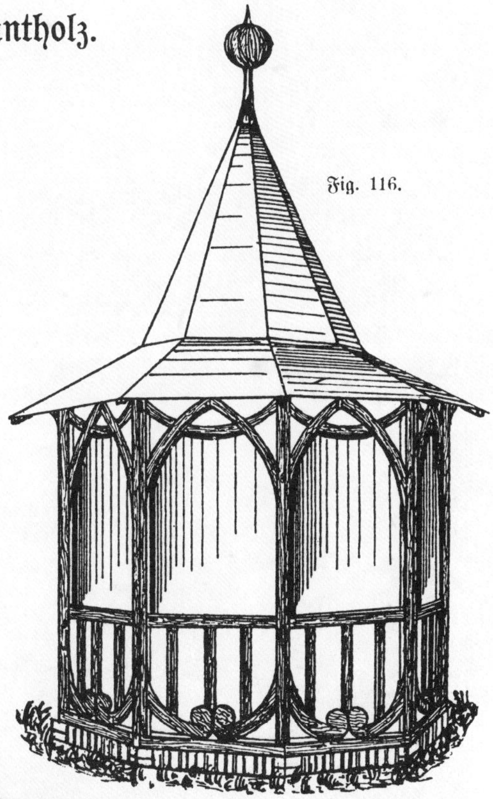

Fig. 117.

Bei den freistehenden Lauben wird das Dach vielfach in Kuppel- oder Turmdachform, wie in Fig. 115 und 116, hergestellt, was namentlich bei offenen Pavillons zu empfehlen ist. Die geschwungenen Teile der Lauben können auch mit eckiger Schneckenform, wie in Fig. 117, abschließen, denn gerade hierdurch erhalten die Lauben ein sehr gefälliges Aussehen.

Offene Gartenlaube aus Kantholz.

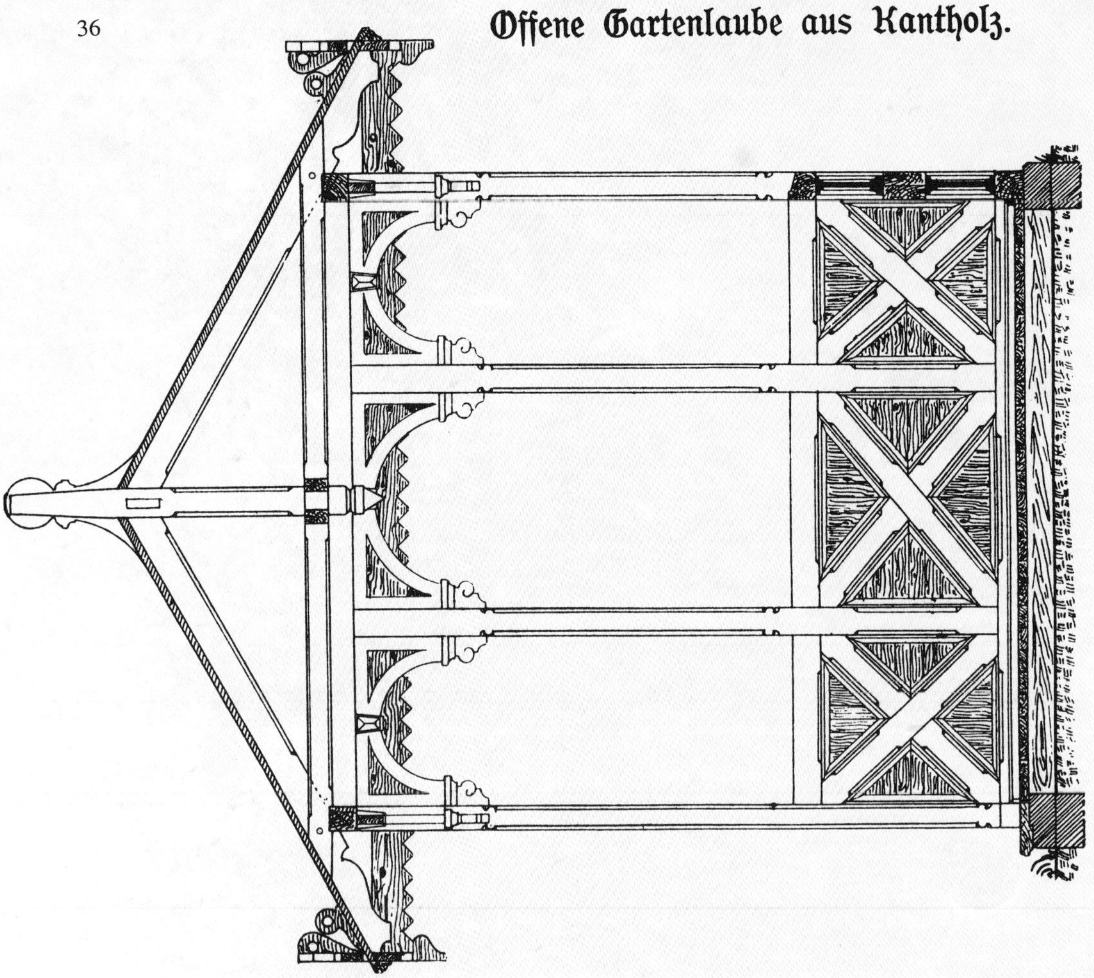

Fig. 119. Innere Ansicht.

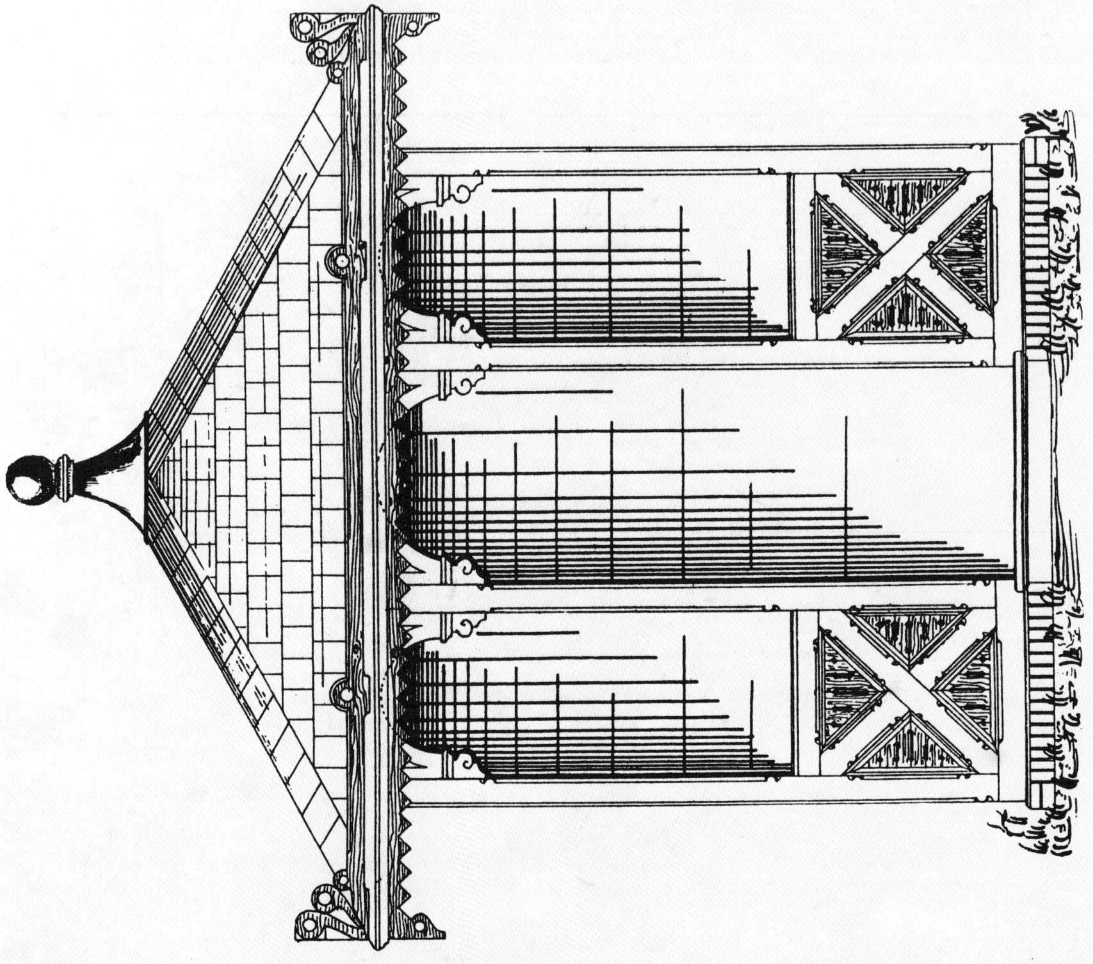

Fig. 118. Äußere Ansicht.

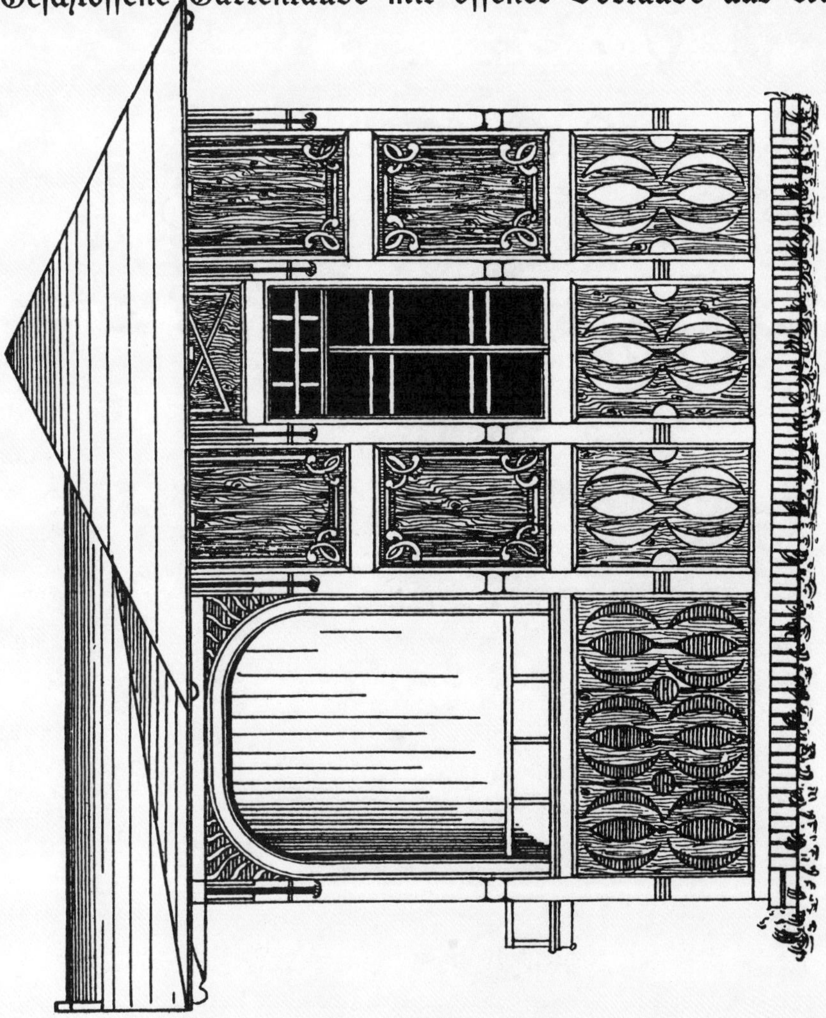

Fig. 121.
Seitenansicht.

Fig. 120.
Vordere Ansicht.

III. Verandas und Kolonnaden.

Die Verandas werden direkt an Gebäuden aus Kantholz laubenartig hergestellt und sind deshalb in der Ausführungsweise genau wie die vorstehenden Kantholzlauben. Die Größe der Verandas richtet sich meistens nach der Raumgröße, die bei den Gebäuden vorhanden ist. Man sollte jedoch bei Wohngebäuden das innere Maß der Veranda möglichst nicht unter 3 Meter Länge und 1,40 Meter Breite halten. Es gibt allerdings Verandas bei denen das innere Breitenmaß der Gebäudeansicht wegen, nicht viel mehr als 1 Meter ist. Diese sind aber sehr unpraktisch und nur als balkonähnliche Austritte zu benutzen. In der Regel werden die Verandas, um einen Tisch und die erforderlichen Stühle stellen zu können, 3,50 bis 5 Meter lang und 1,75 bis 2,50 Meter breit hergestellt.

Die Höhe der Verandas richtet sich je nach der Etagenhöhe des Gebäudes und die Holzstärke, namentlich der Säulen, nach der Belastung und der Anzahl der übereinanderkommenden Geschosse.

Bei einstöckigen Verandas wolle man die Säulen- und Riegelstärke mindestens 12/12 Zentimeter bzw. 12/14 oder 14/14 Zentimeter nehmen und bei mehr Etagen je nach der Belastung mindestens 14/14 bzw. 14/16 oder 16/16 Zentimeter. Zu beachten ist hierbei, daß die Holzstärke der Wandhölzer in der Ansicht gleich wird, es sei denn bei Rähmen, welche je nach der freitragenden Länge der Belastung entsprechend, etwas mehr Holzhöhe haben müssen. Die gebräuchlichsten Rähmstärken bei Verandas sind 12/14, 12/16, 14/16 und 16/18 Zentimeter.

Veranda in einfacher Ausführung.

Fig. 122.

Innere Seitenansicht.

Fig. 123.

Vordere Ansicht.

Die Veranda, wie in Fig. 122 und 123, kann als offene und geschlossene Veranda benutzt werden. In der Regel pflegt man dieselben im Sommer nur seitlich und im Winter auch vorn durch Fenster zu schließen, damit die Witterung nicht eindringen kann.

Veranda in einfacher Ausführung.

Fig. 124.

Innere Seitenansicht.

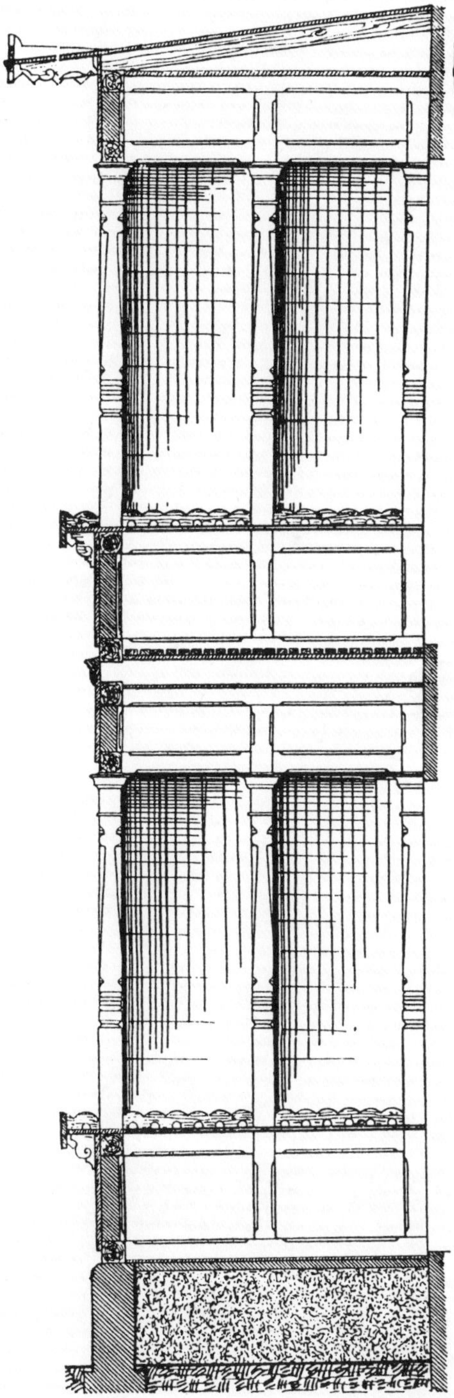

Fig. 125.

Vordere Ansicht.

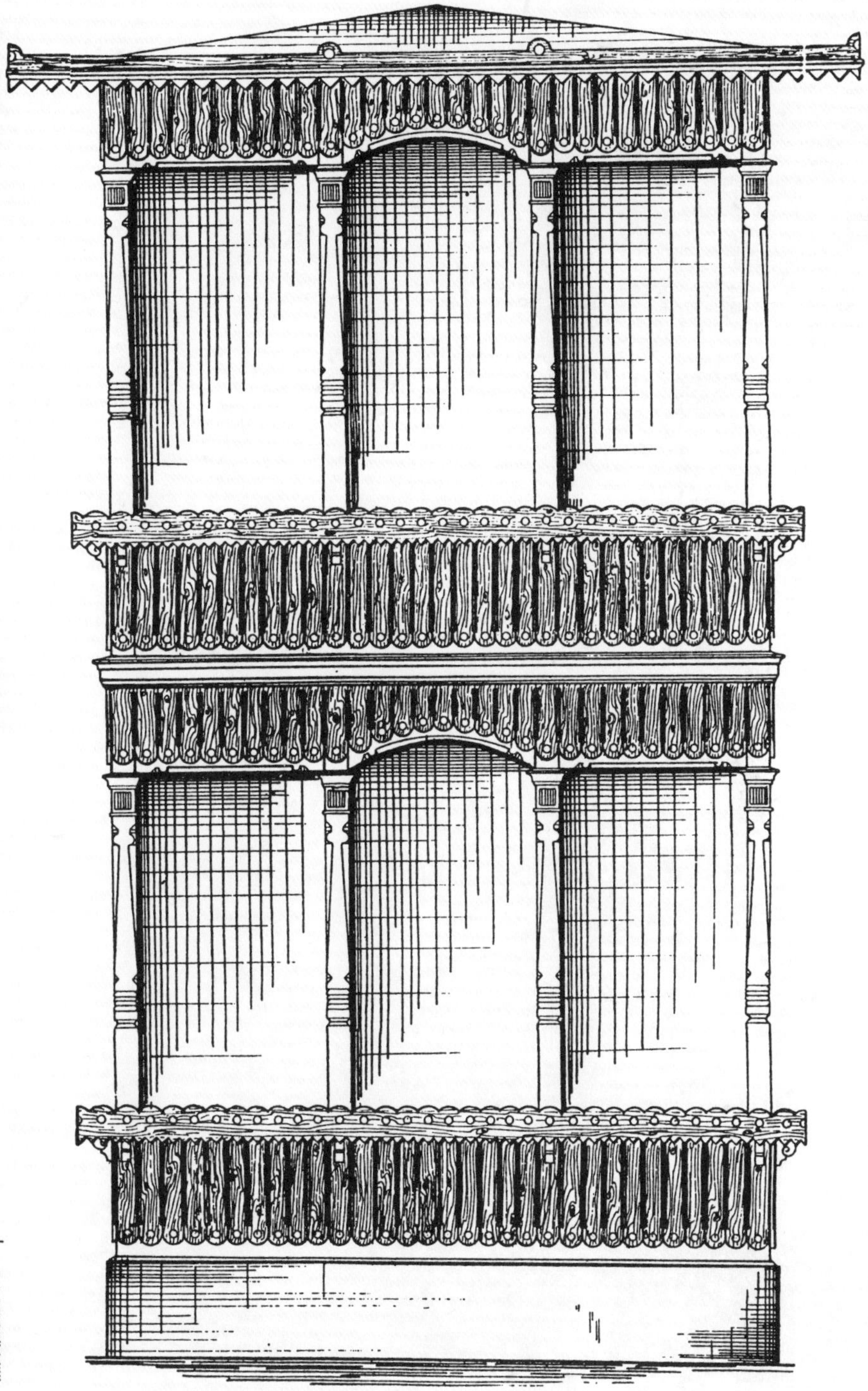

Bei dieser Veranda ist der Zweck wie bei der vorigen. Um die Veranda noch durch Blumen zu verschönern, kann man dieselben auch mit Blumenbrett, wie in Fig. 124 und 125, versehen; denn gerade durch den Blumenduft ist der Aufenthalt in derselben angenehm.

Veranda in einfacher Ausführung.

Fig. 126.

Innere Seitenansicht.

Fig. 127.

Vordere Ansicht.

Die Veranda, wie in Fig. 126 und 127, eignet sich am besten als geschlossene, da durch die gleiche Fensterform, sowie Größe derselben sich die Anfertigung bedeutend billiger gestaltet. Man kann auch den Verschlag durch 13 Zentimeter starkes Ziegelmauerwerk ersetzen.

Veranda in einfacher Ausführung.

Fig. 128.

Innere Seitenansicht.

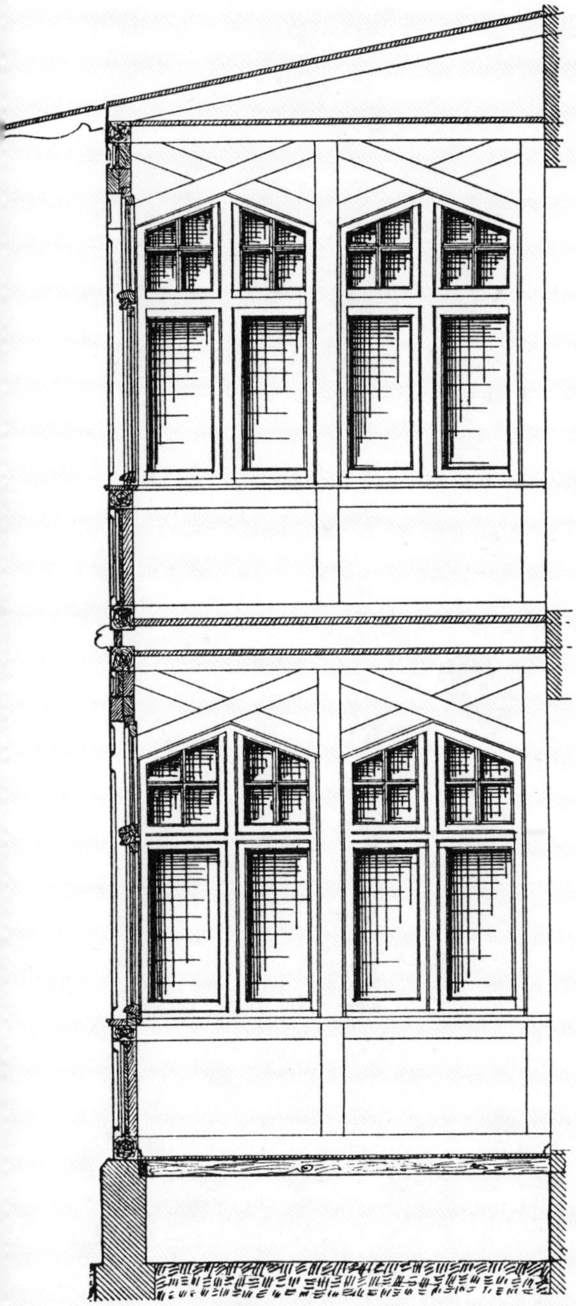

Fig. 129.

Vordere Ansicht.

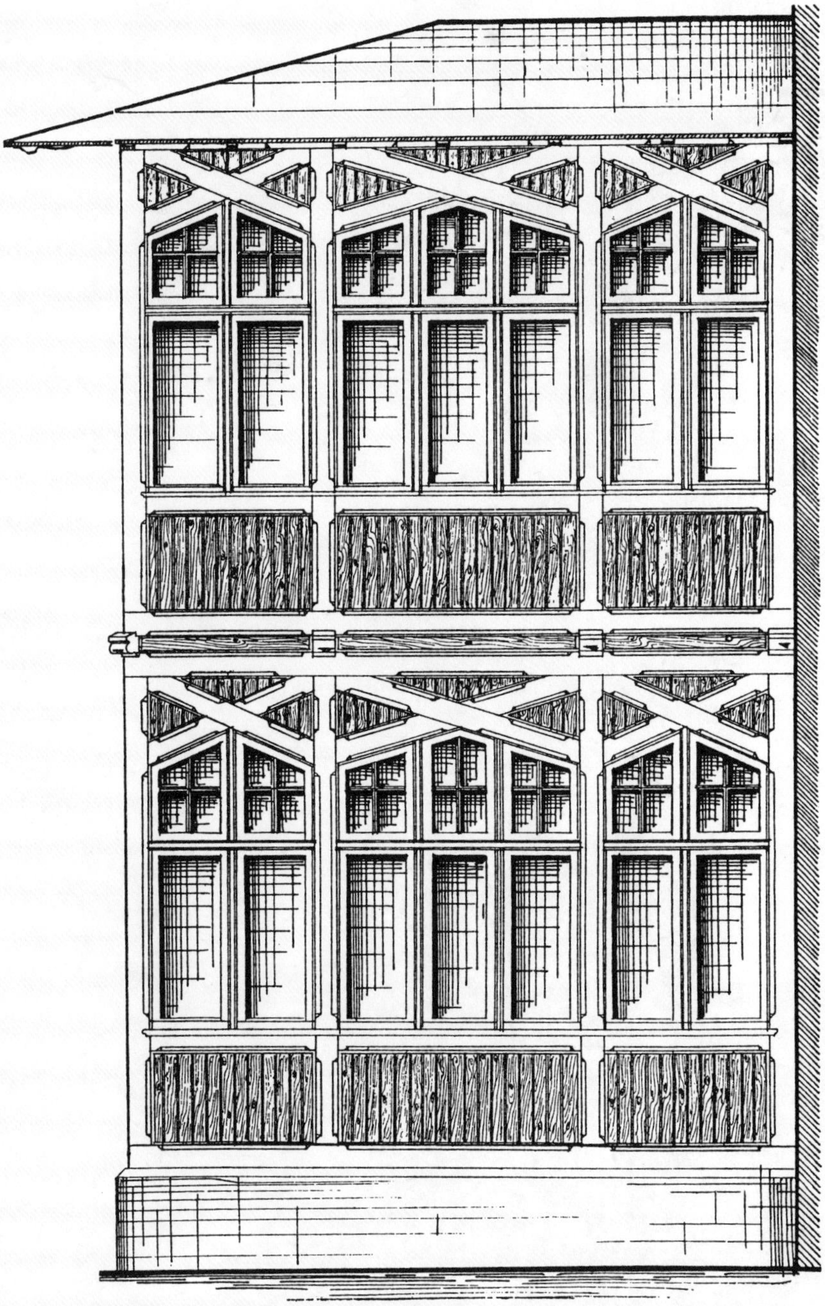

Bei der Veranda, wie in Fig. 128 und 129, können die Füllungen ebenfalls mit 13 Zentimeter starkem Ziegelmauerwerk ausgemauert werden. Man kann dieselbe, wegen der großen Fenstergruppe, überall, ohne Rücksicht auf die Zimmerfenster, anbringen.

Veranda in moderner Ausführung.

Fig. 130.

Innere Seitenansicht.

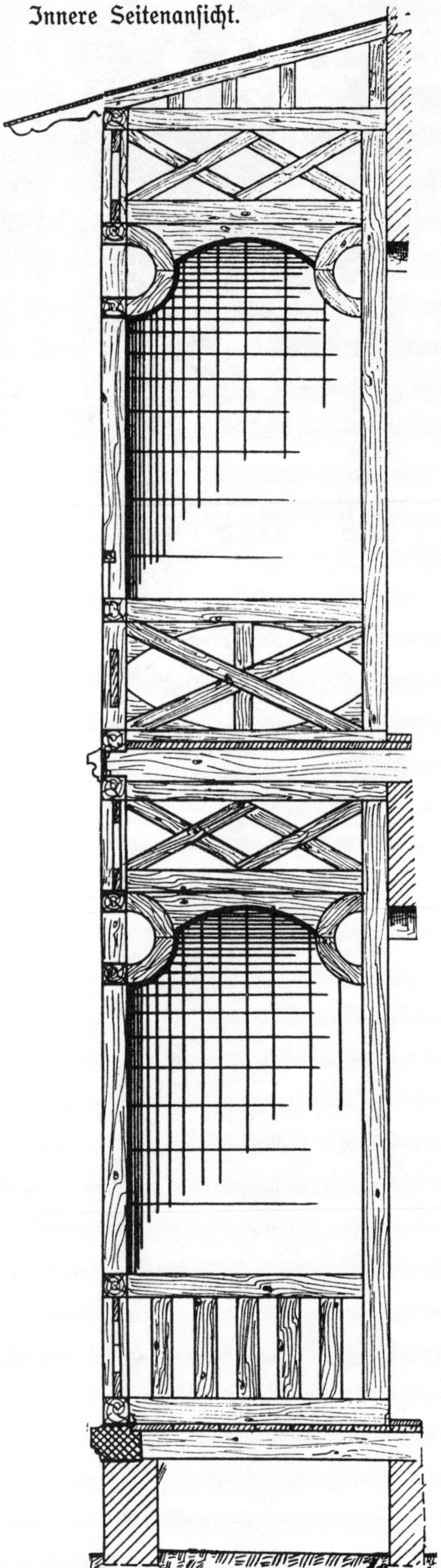

Fig. 131.

Vorderansicht.

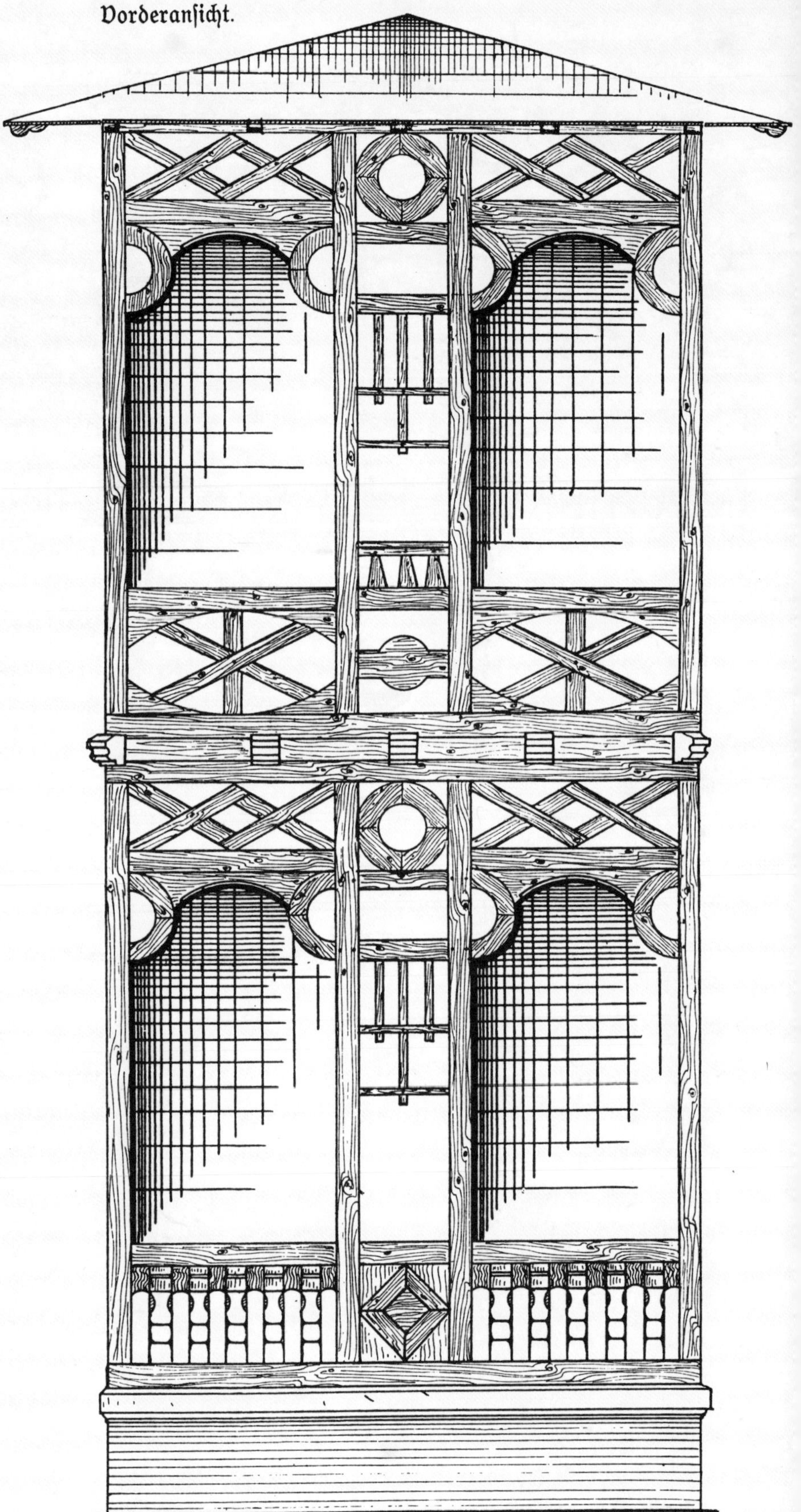

Veranda in moderner Ausführung.

Fig. 132.

Innere Seitenansicht.

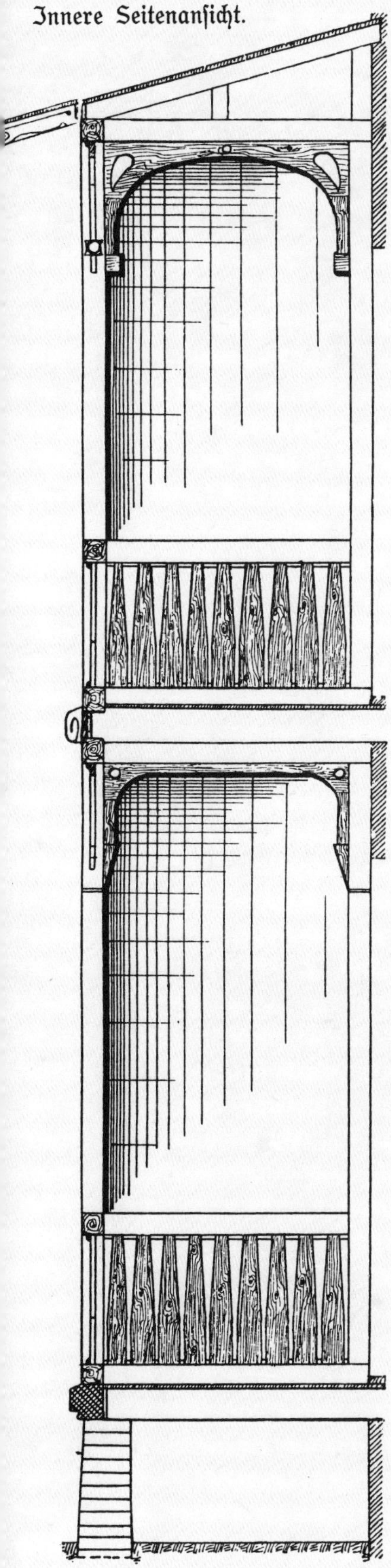

Fig. 133.

Vorderansicht.

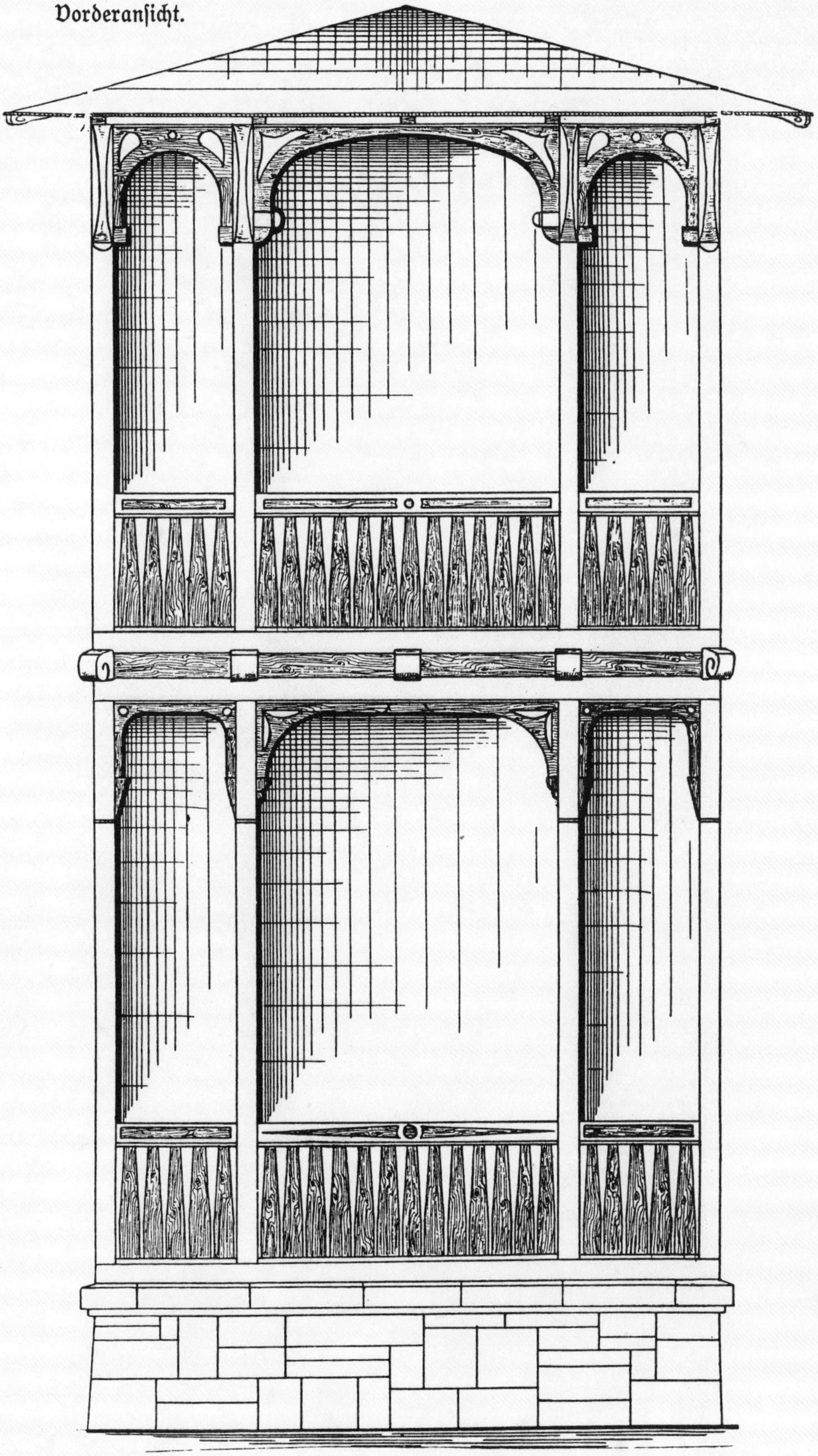

Veranda in moderner Ausführung.

Fig. 134.

Innere Seitenansicht.

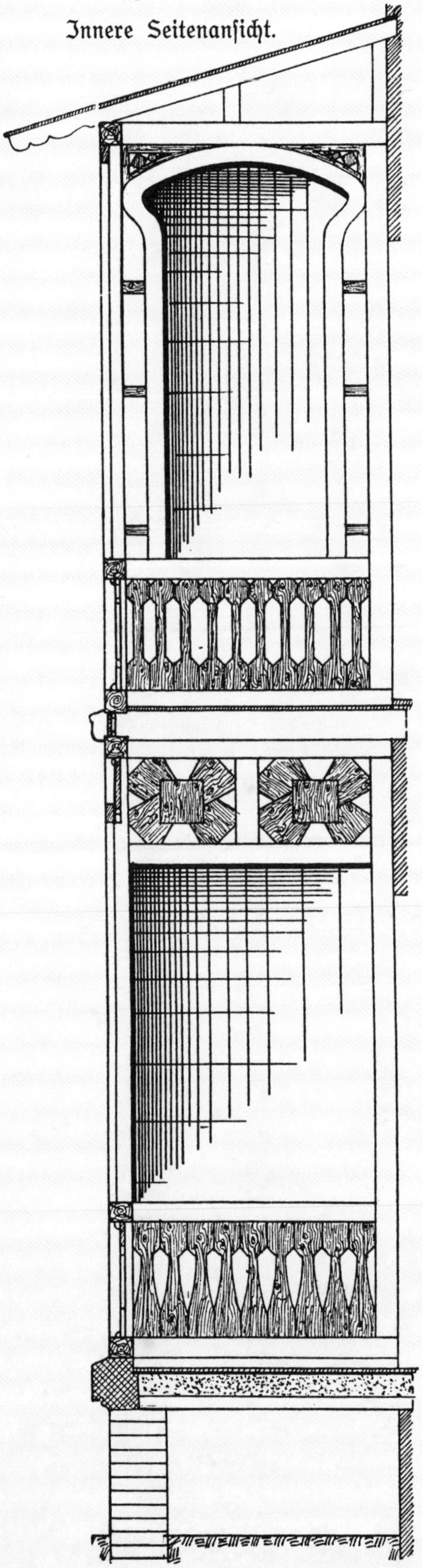

Fig. 135.

Vorderansicht.

Fig. 136.

Inner Seitenansicht.

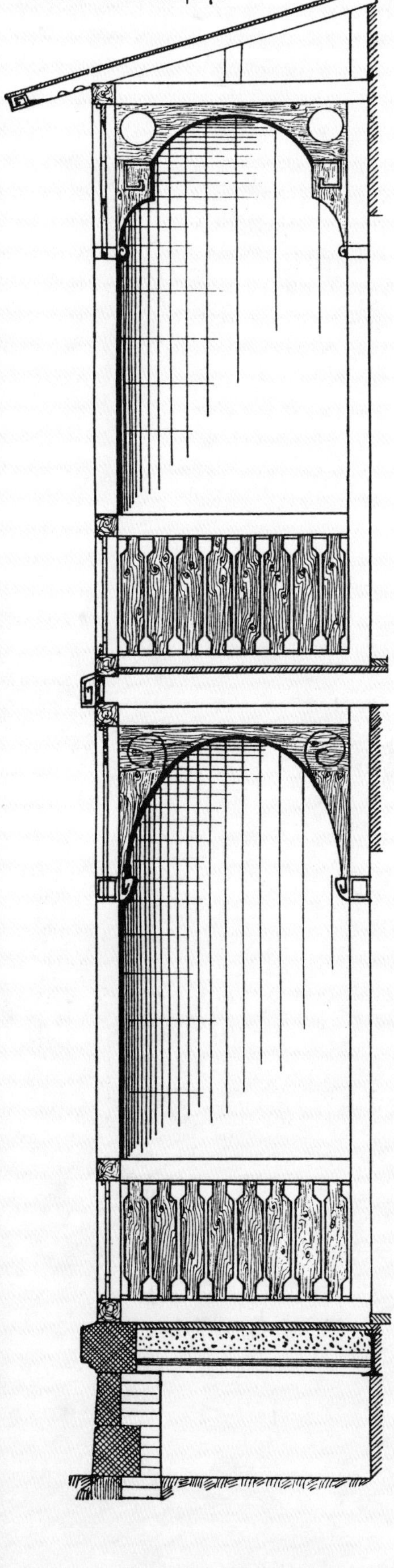

Fig. 137.

Vorderansicht.

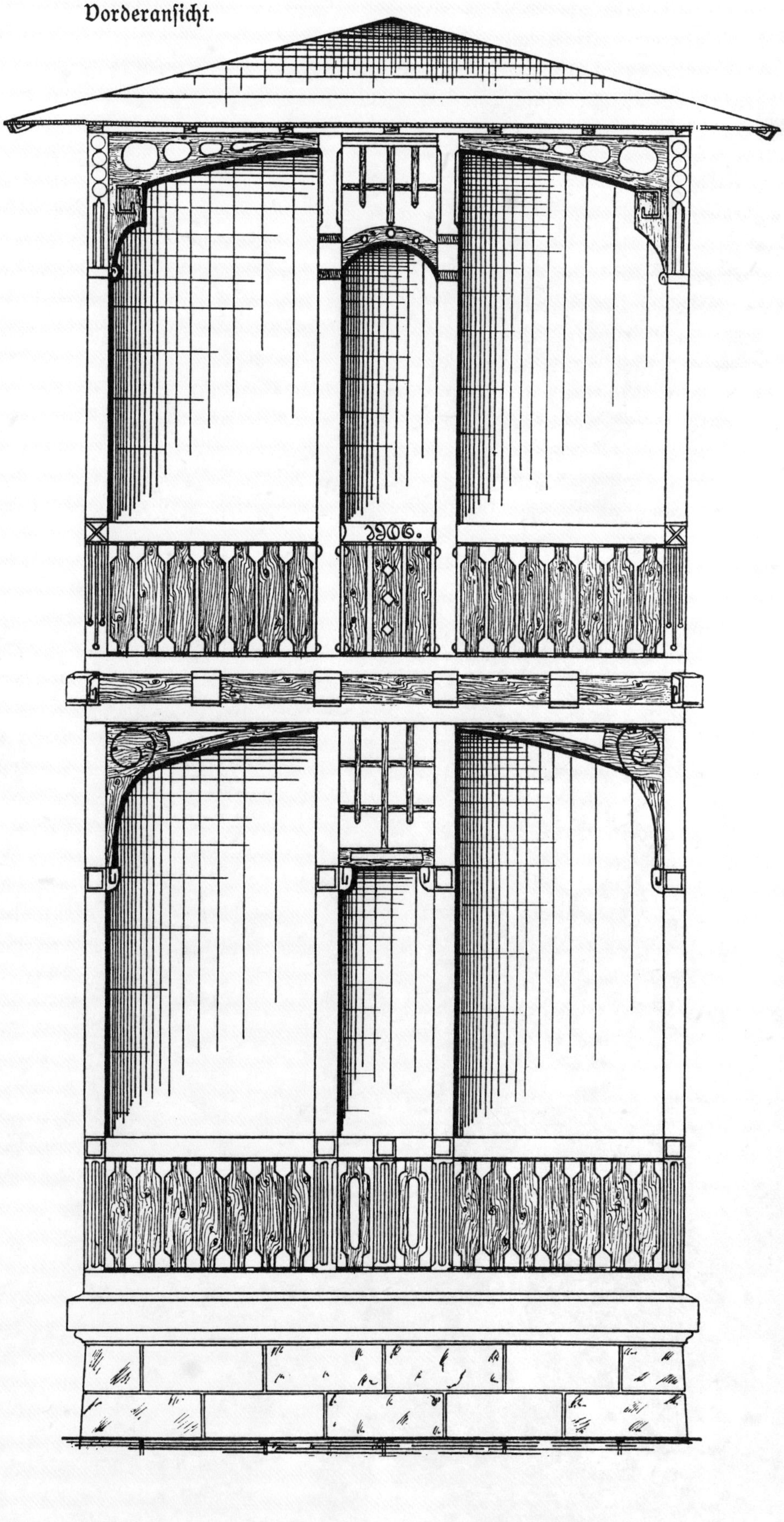

Veranda in moderner Ausführung.

Fig. 138.

Innere Seitenansicht.

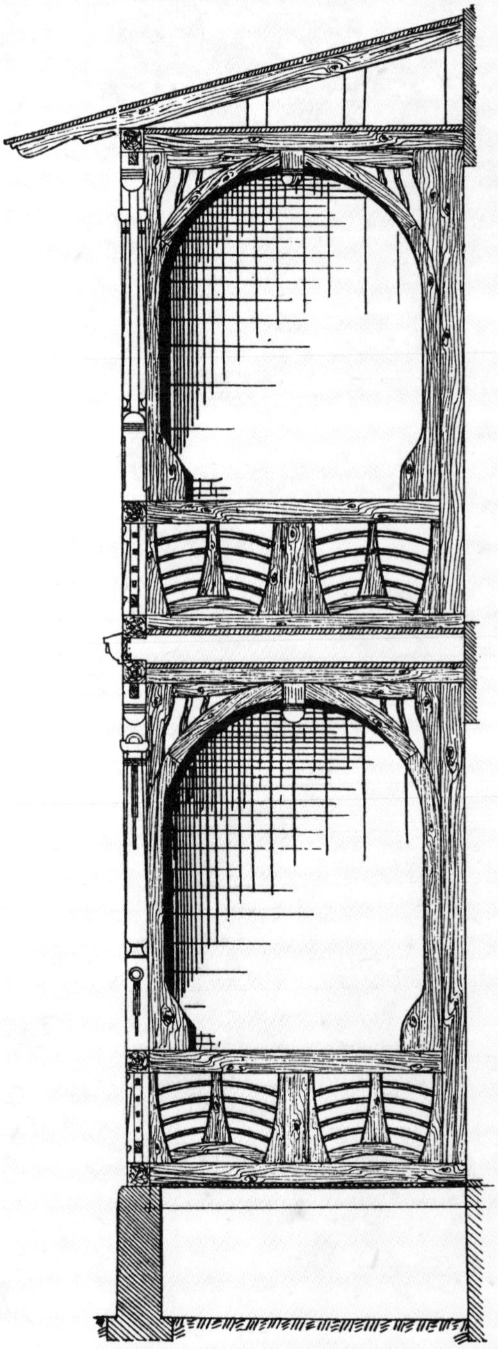

Fig. 139.

Vorderansicht.

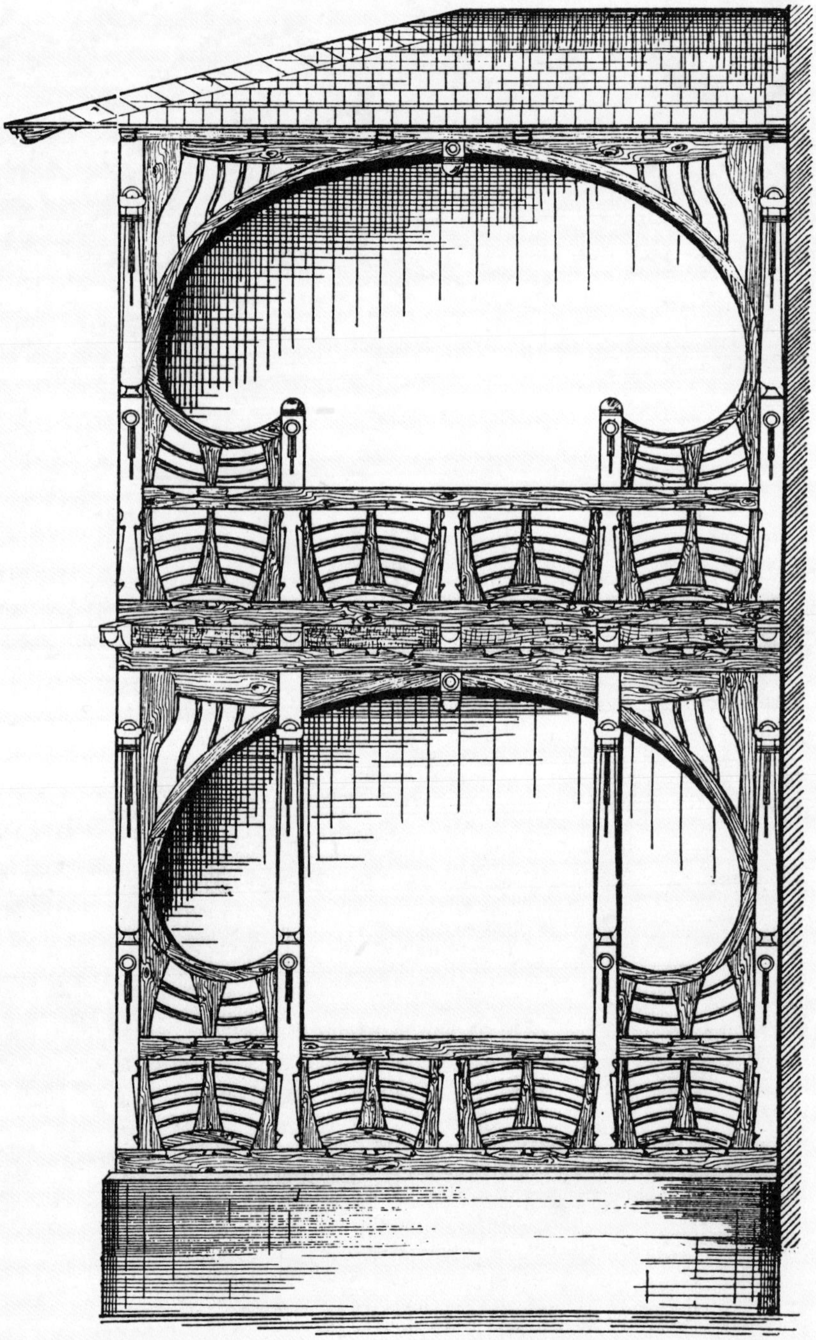

Die Veranda, wie in Fig. 138 und 139, ist dem neuzeitlichen Stile entsprechend und wirkt als offene am besten. Man kann dieselbe aber auch als geschlossene Veranda herstellen, indem man die offenen Füllungen mit Bretthinterfüllungen versieht und die Hauptöffnungen durch mehrteilige Fenster abschließt.

Fig. 140.

Innere Seitenansicht.

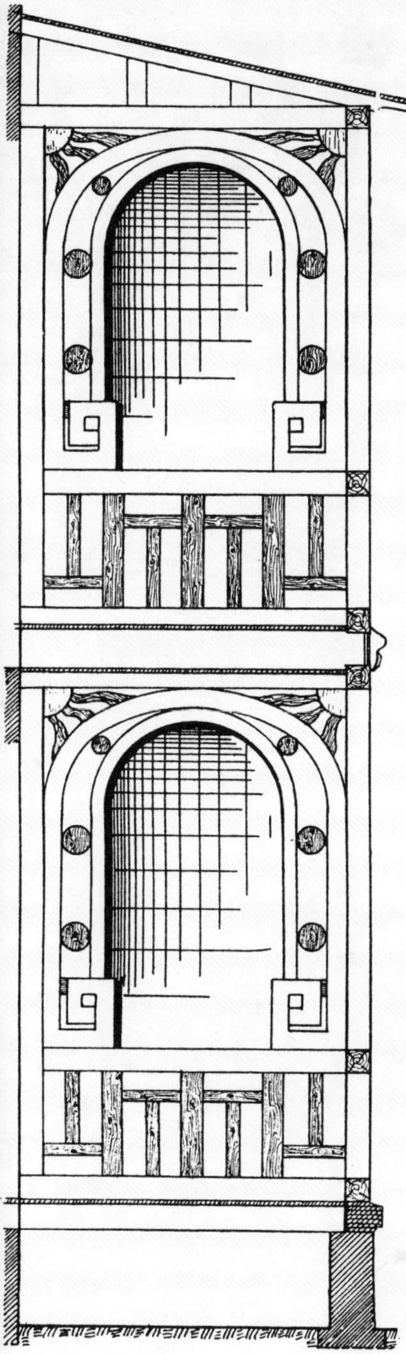

Fig. 141.

Vorderansicht.

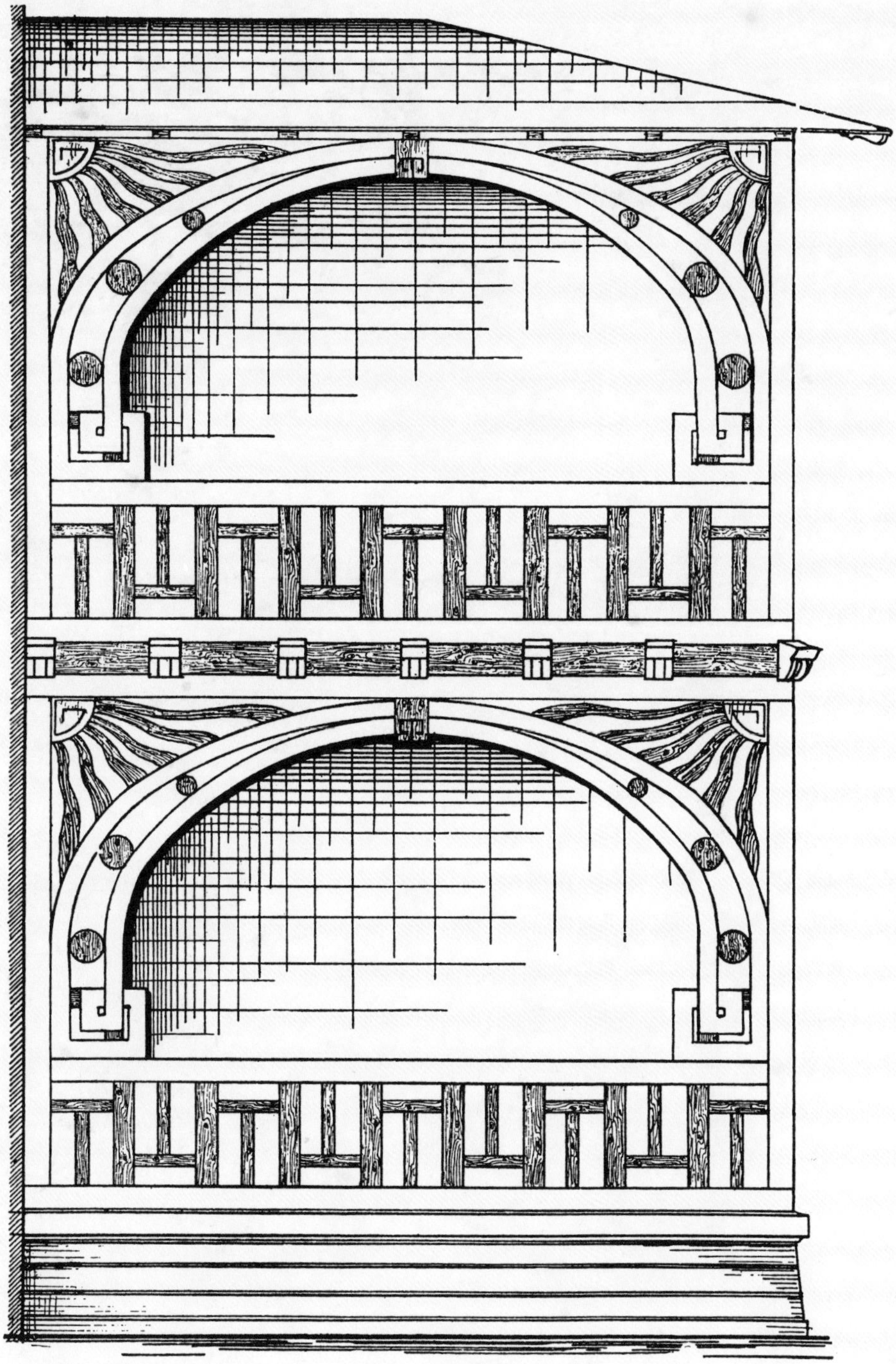

Diese Veranda ist im gleichen Stile gehalten, wie die vorstehende in Fig. 138 und 139, und kann auch in gleicher Weise ausgeführt werden. Die geschwungenen Teile und auch die Füllungen der Brustgeländer kann man aus Bohlen, wie in Fig. 140 und 141, herstellen und erfordern trotz des reichhaltigen Aussehens nicht so viel Arbeitszeit, wie es mitunter bei anderen Verandas der Fall ist.

Veranda in gebräuchlicher Ausführung.

Fig. 142.

Innere Seitenansicht.

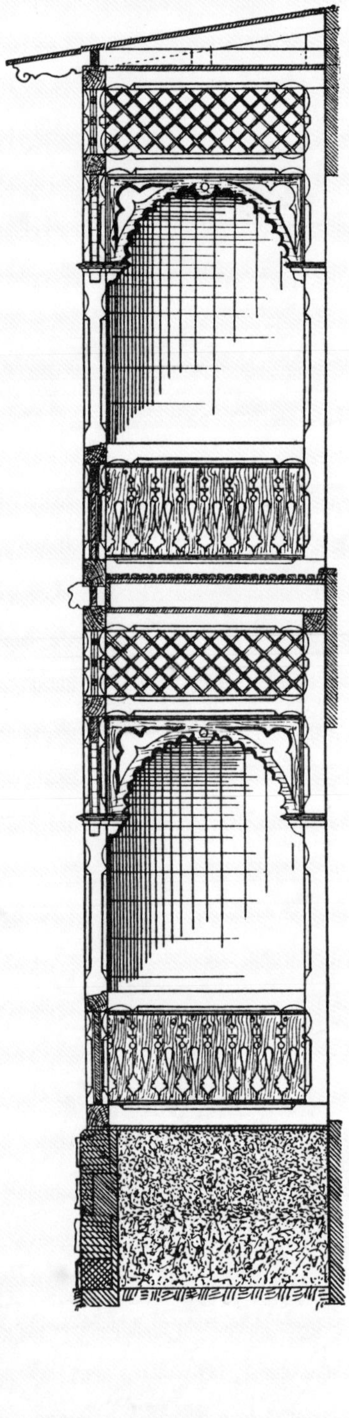

Fig. 143.

Vorderansicht.

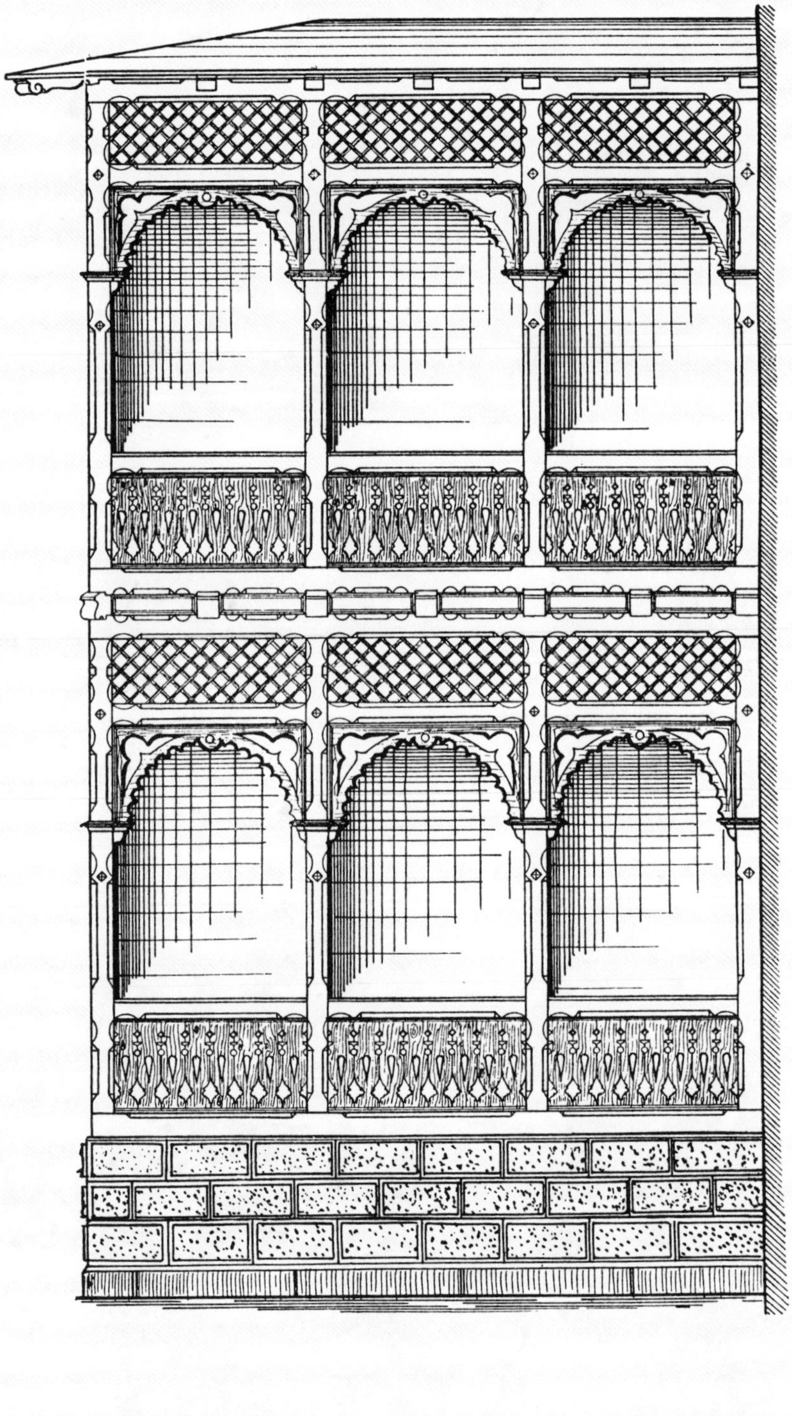

Derartige Verandas, wie in Fig. 142 und 143, werden mit Vorliebe hergestellt, denn dieselben sehen sehr gefällig aus und lassen sich leicht dem neuzeitlichen Stile anpassen. Man kann auch, um die Veranda nicht so reichhaltig zu haben, die Fachfüllungen bedeutend vereinfachen und dadurch viel Arbeit ersparen.

Fig. 144.

Innere Seitenansicht.

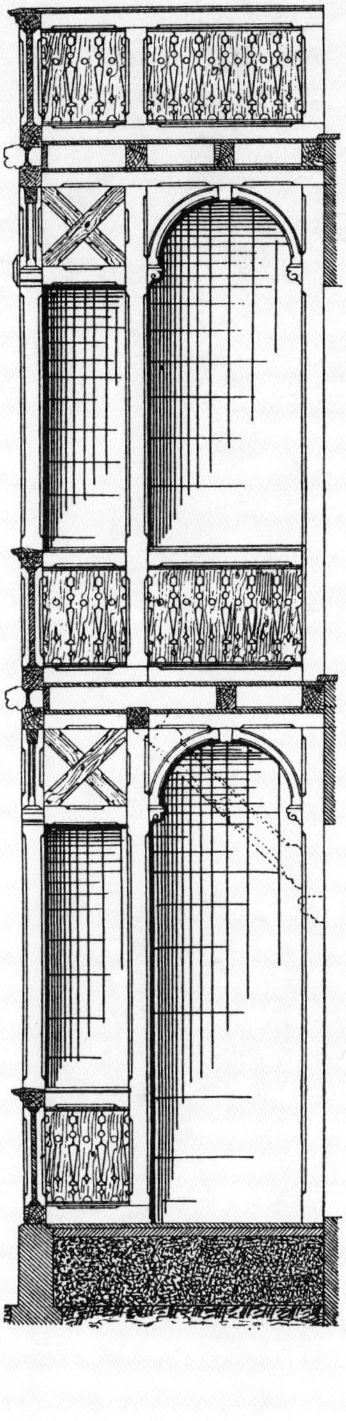

Fig. 145.

Vorderansicht.

Die Verandas, wie in Fig. 144 und 145, eignen sich am besten zu Wohnhauseingängen oder Ausgängen, welche in den Garten führen. Dieselben erhalten seitwärts durch die Balkons und oben durch den balkonähnlichen Geländeraufbau freien Austritt, der namentlich im Garten sehr angenehm ist. Diese freien Austritte, müssen allerdings, da sie der Witterung vollständig ausgesetzt sind, durch gute Abwässerung und dgl. gegen Nässe geschützt werden.

Verandas mit Geländeraufbau.

Fig. 146.
Innere Seitenansicht.

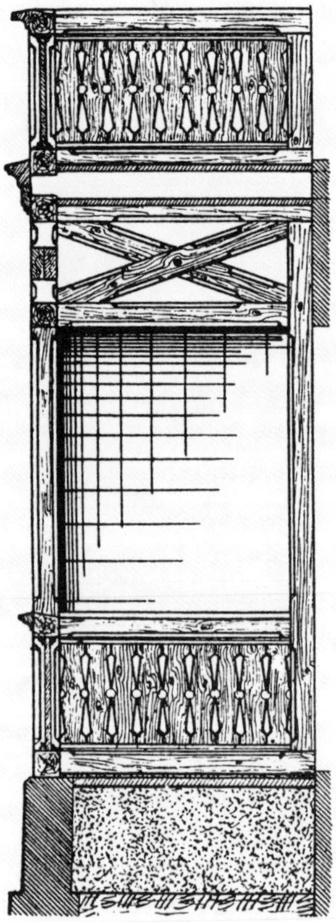

Fig. 147.
Vorderansicht.

Fig. 148.
Innere Seitenansicht.

Fig. 149.
Vorderansicht.

Fig. 150.
Innere Seitenansicht.

Fig. 151.
Vorderansicht.

Fig. 152.
Innere Seitenansicht.

Fig. 153.
Vorderansicht.

Geschlossener Balkon mit Geländeraufbau.

Fig. 154.

Innere Seitenansicht.

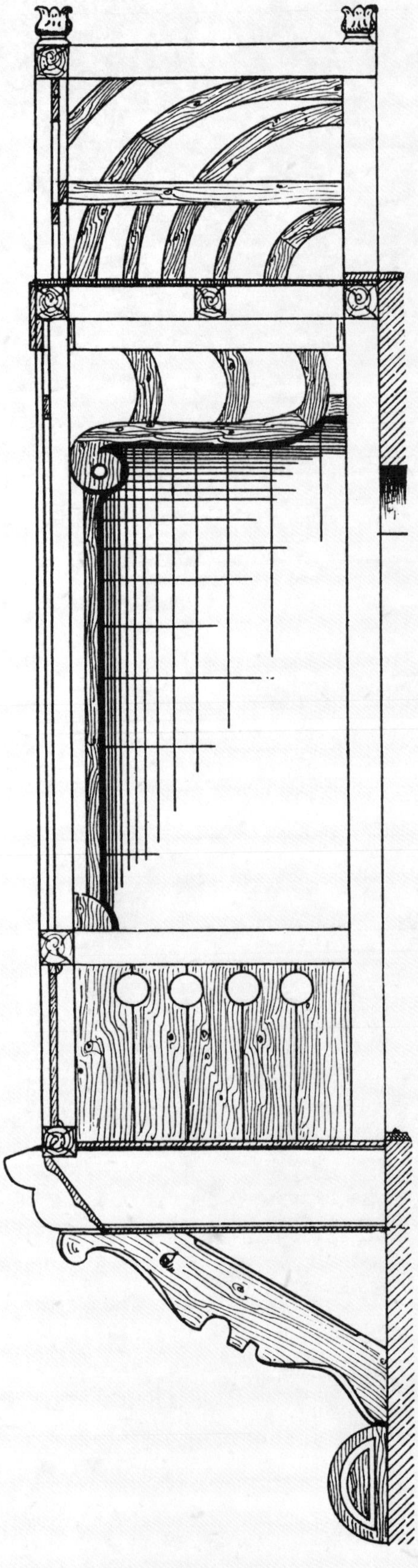

Fig. 155.

Vorderansicht.

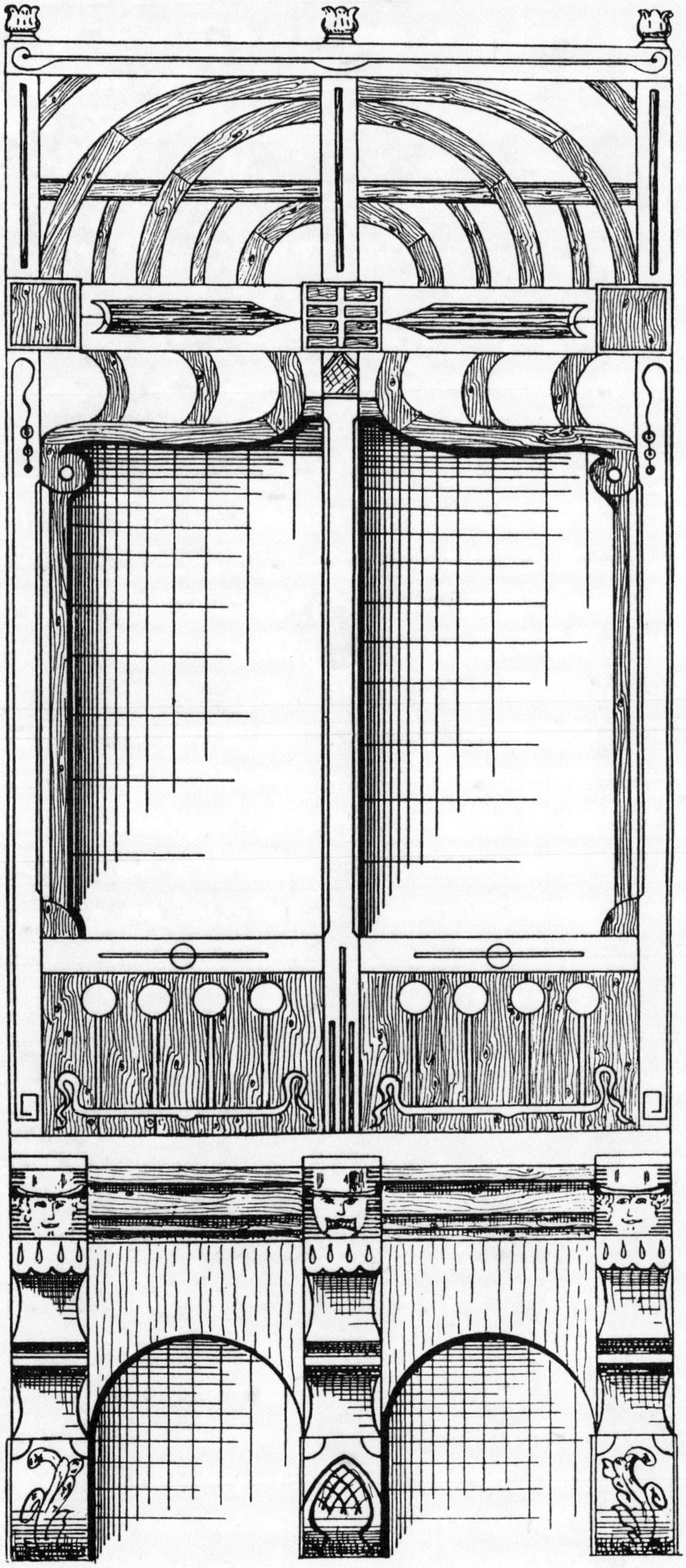

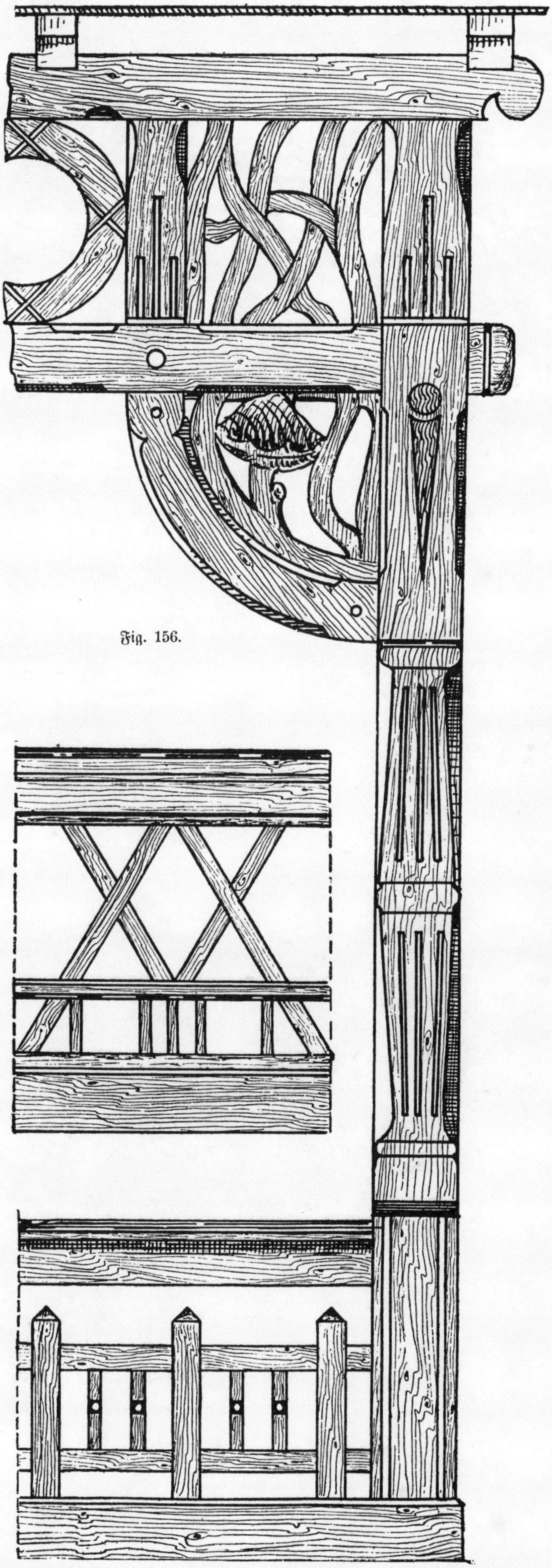

Fig. 156.

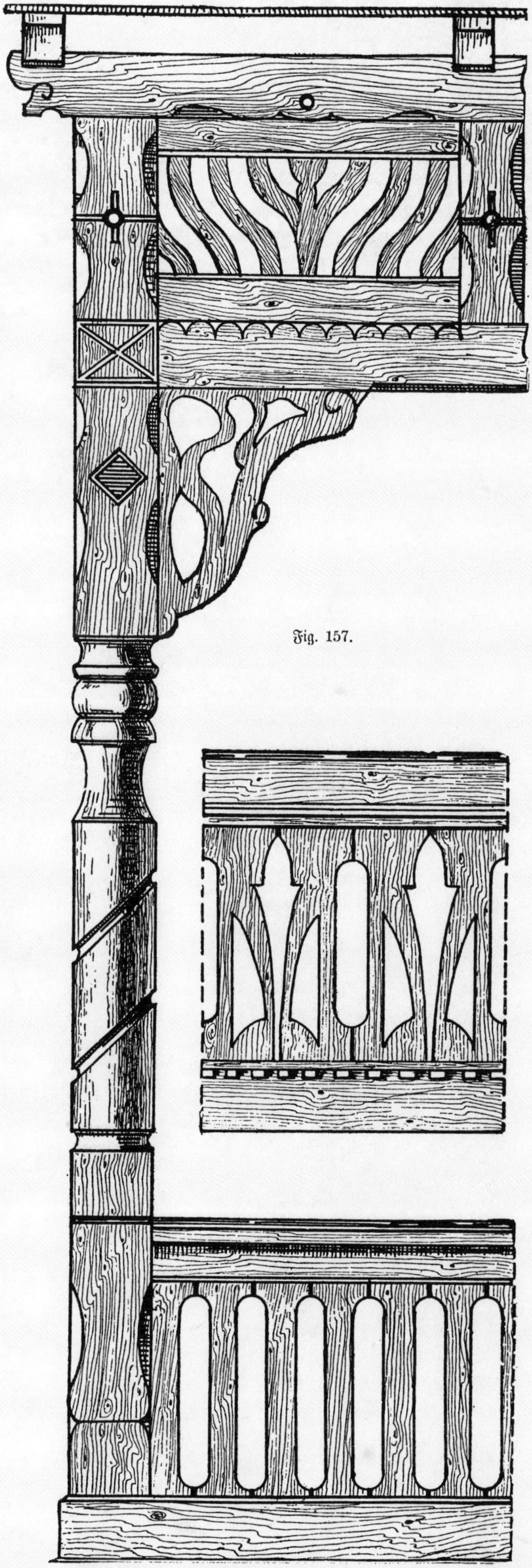

Fig. 157.

Moderne Kolonnaden.

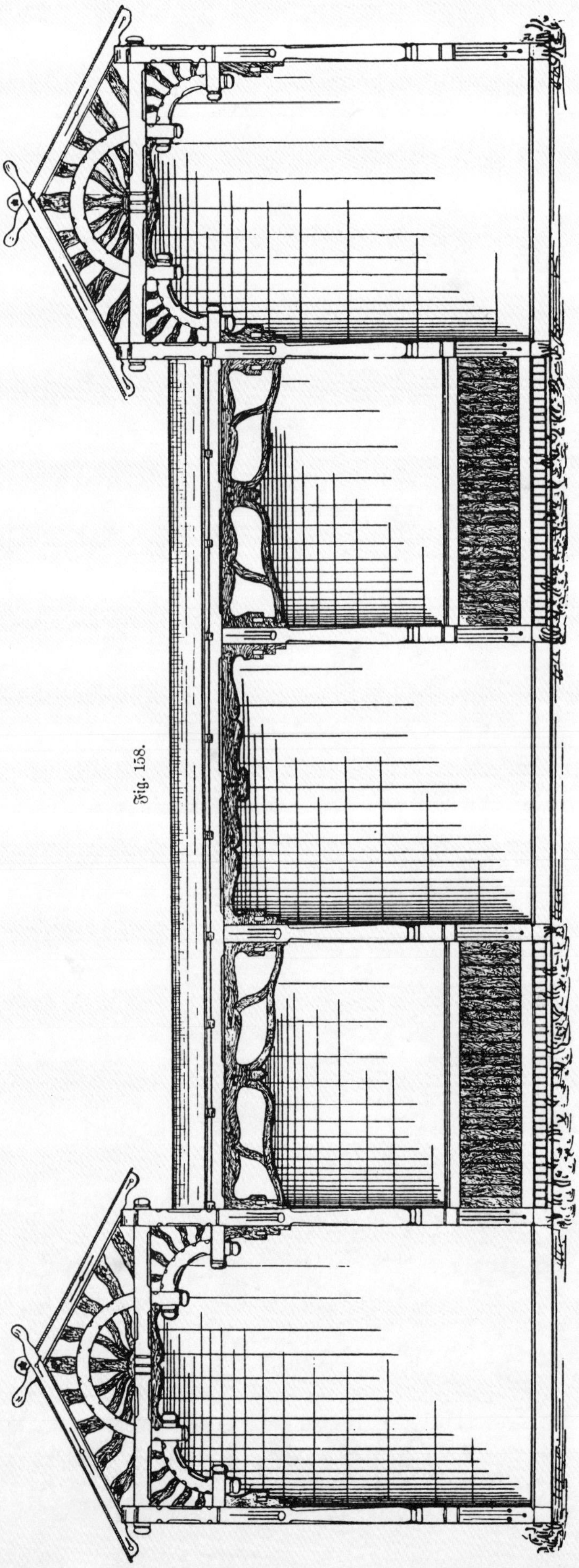

Fig. 158.

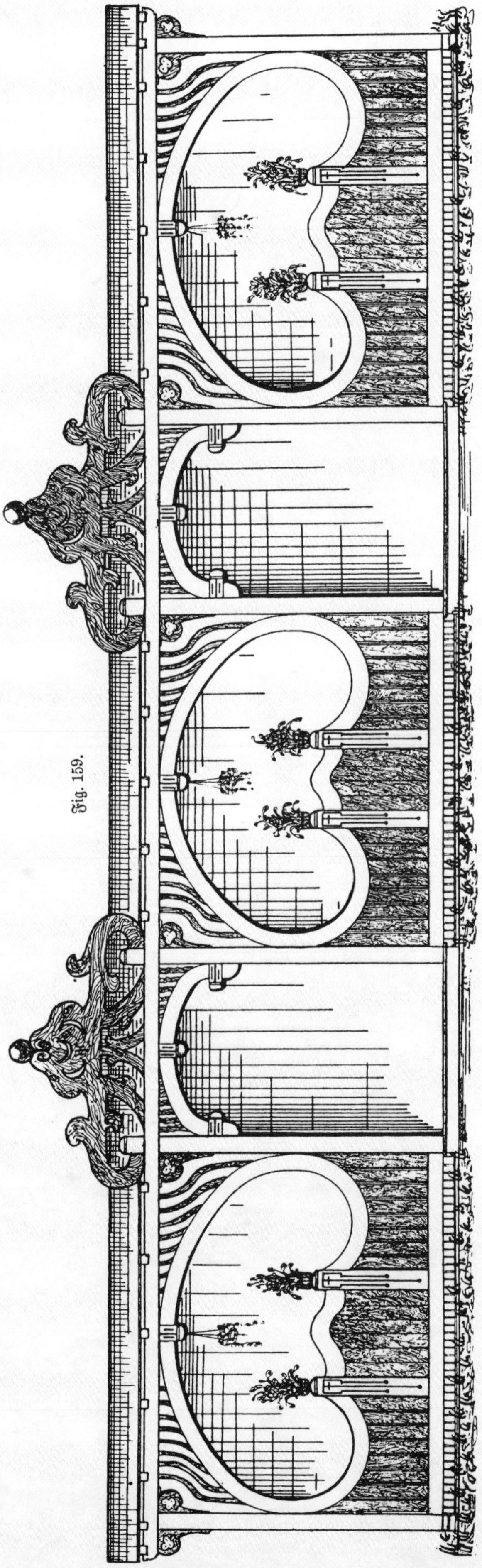

Fig. 159.

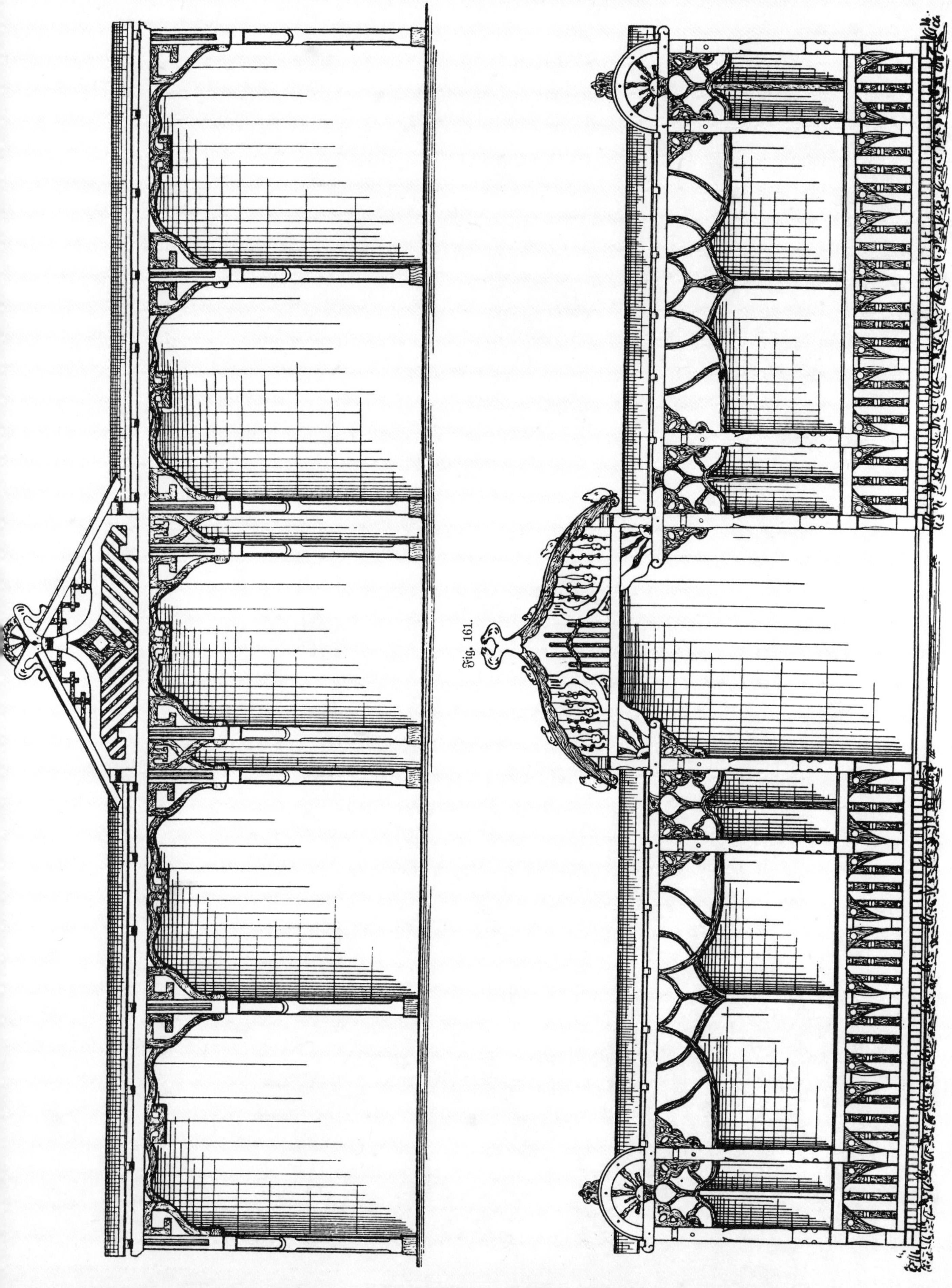

Fig. 161.

IV. Giebelverzierungen und verschiedene Profilierungen.

Moderne Giebelverzierungen.

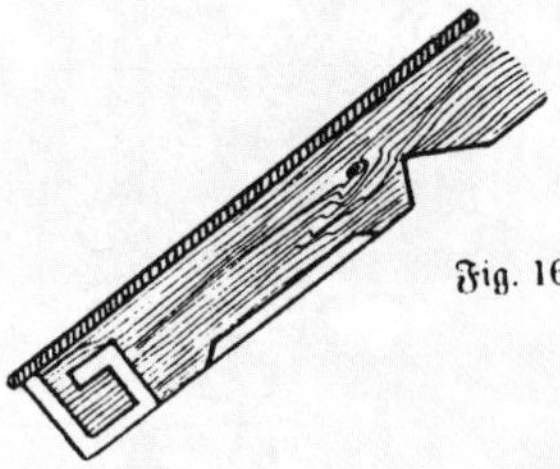

Fig. 162.

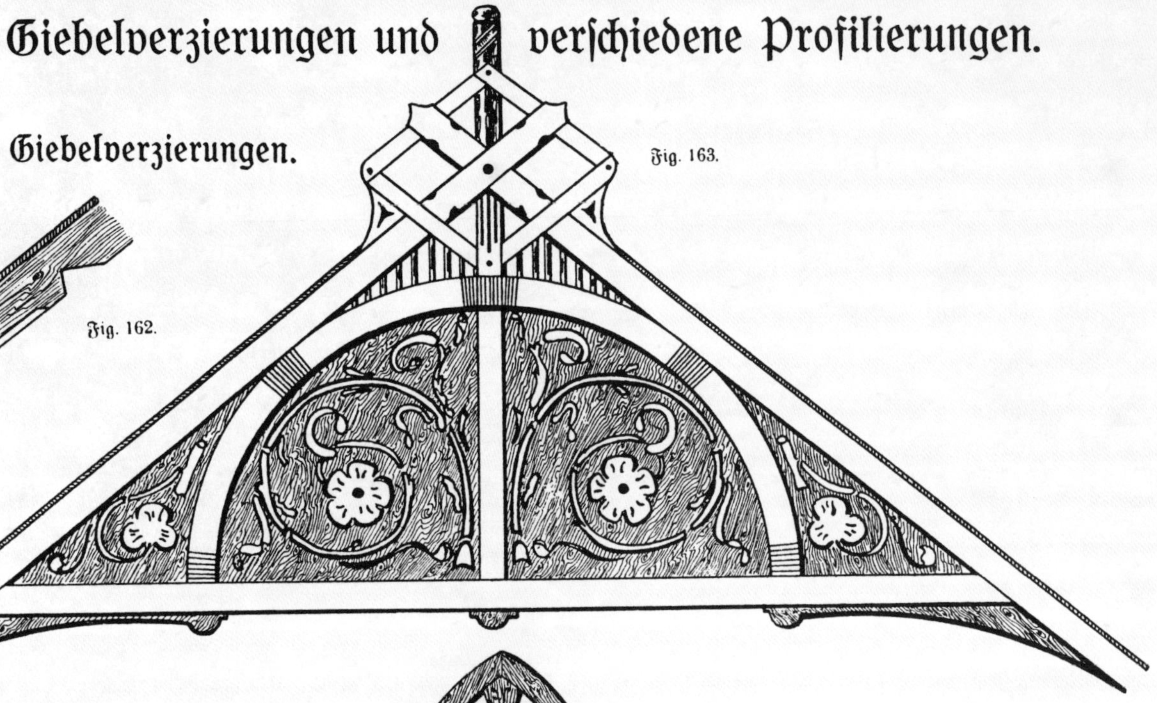

Fig. 163.

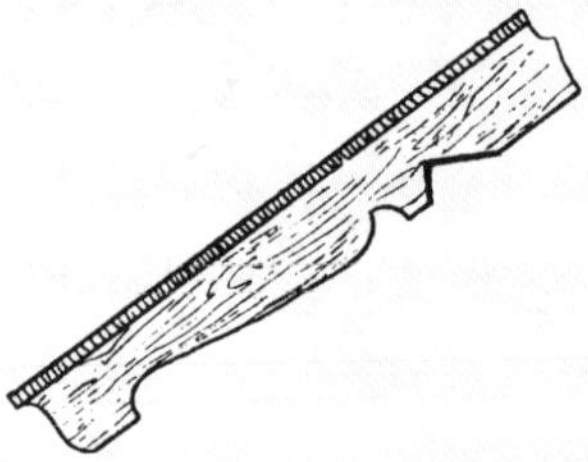

Fig. 164.

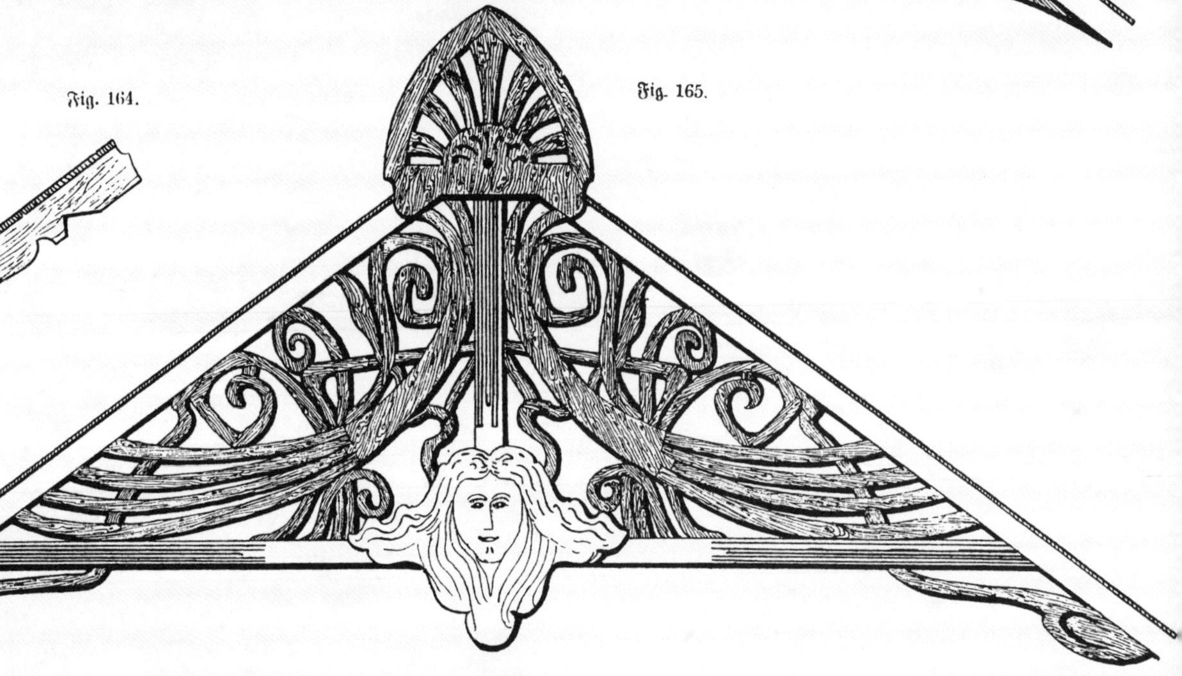

Fig. 165.

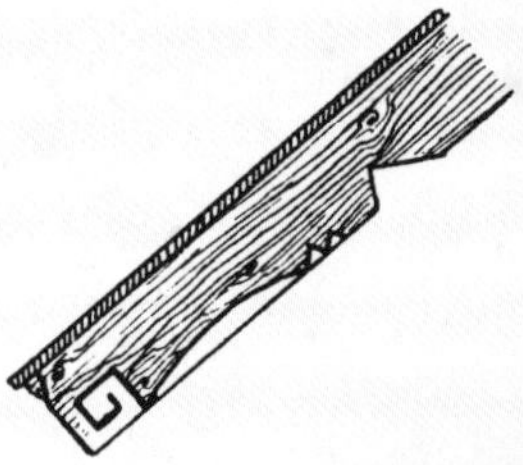

Fig. 166.

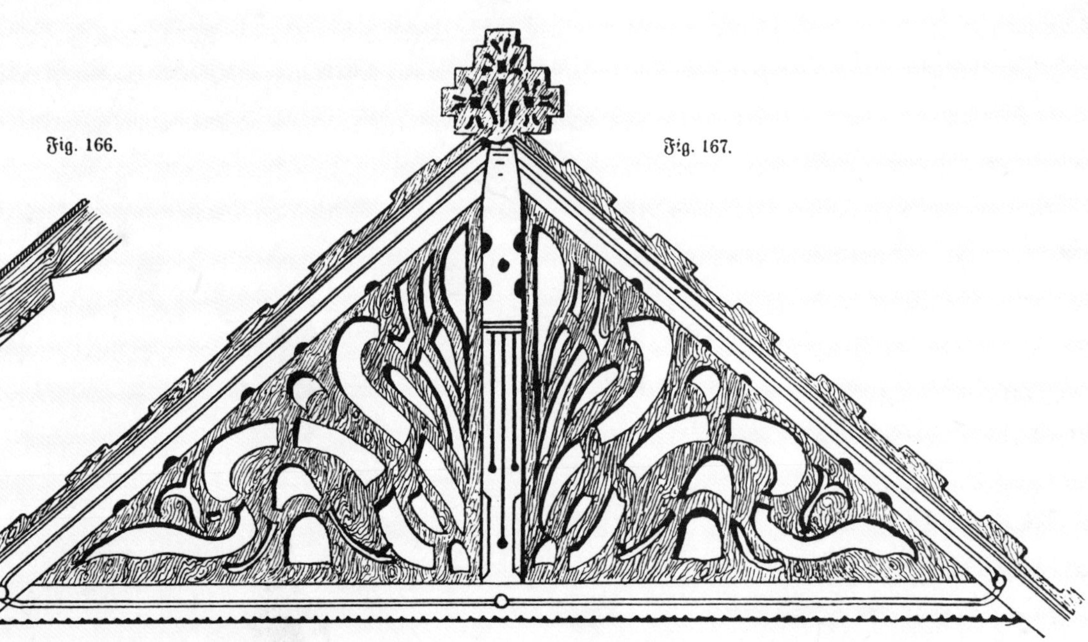

Fig. 167.

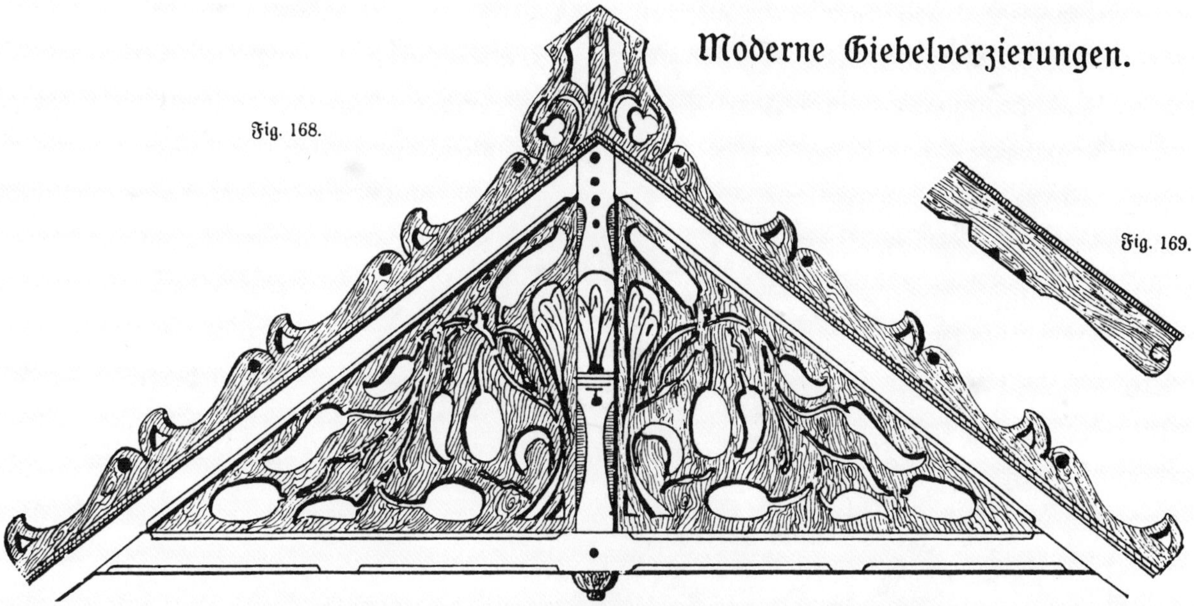

Fig. 168.

Fig. 169.

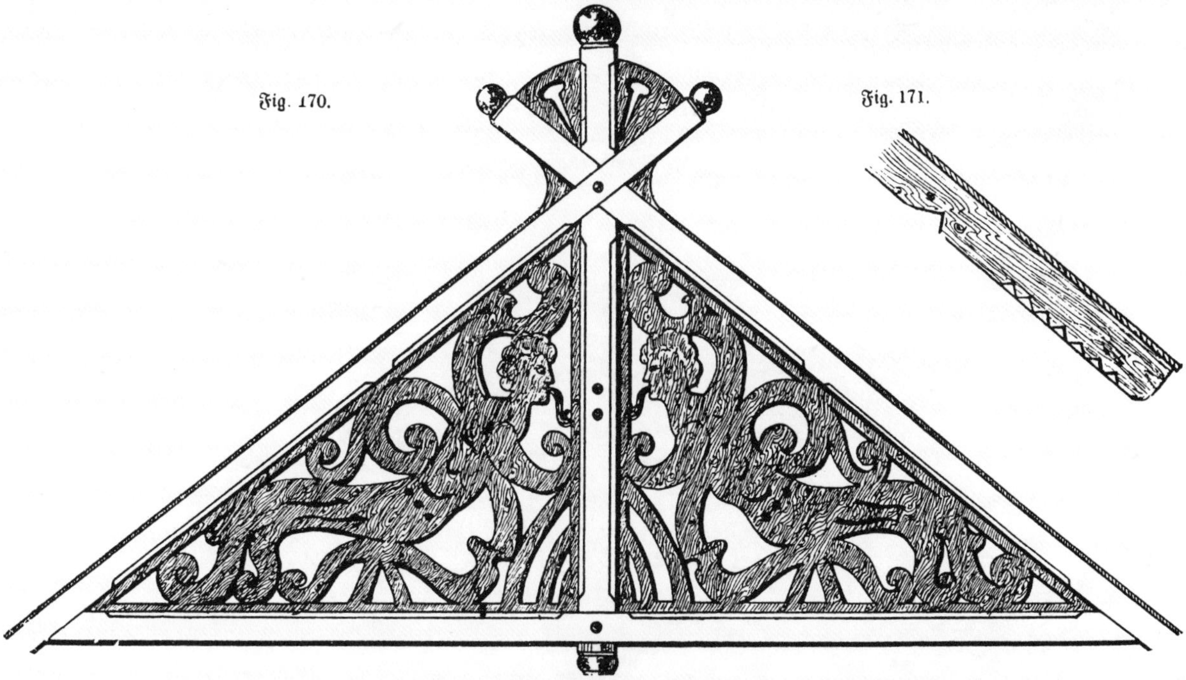

Fig. 170.

Fig. 171.

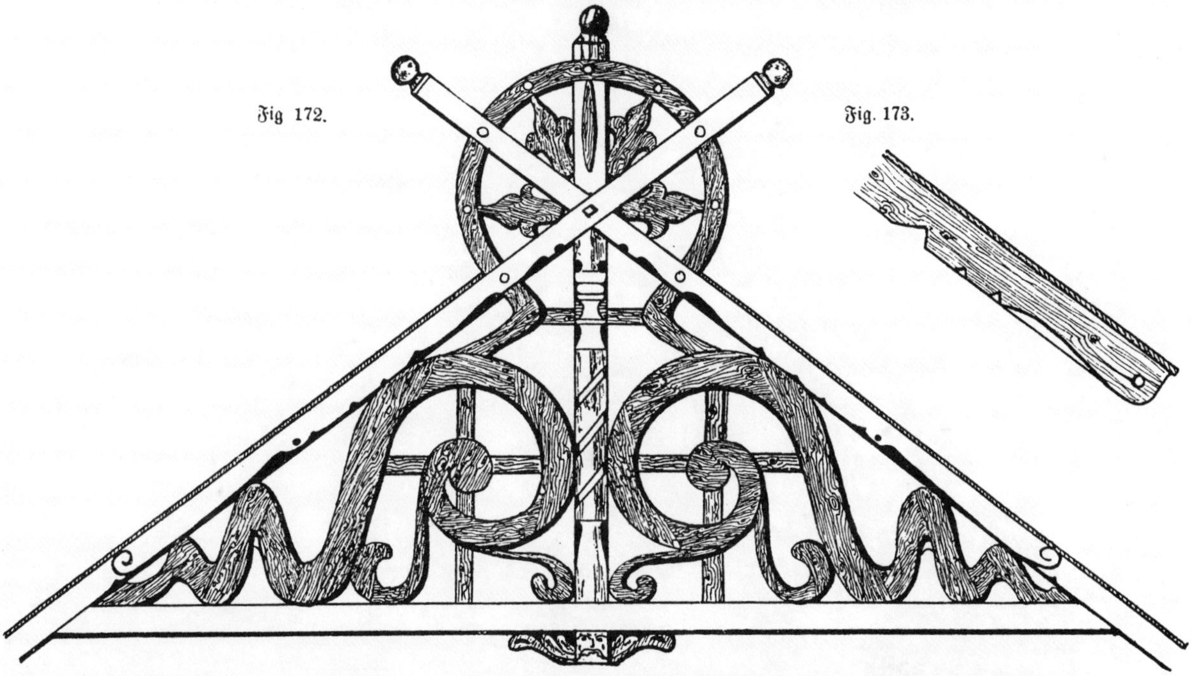

Fig 172.

Fig. 173.

Fig. 174. Fig. 175.

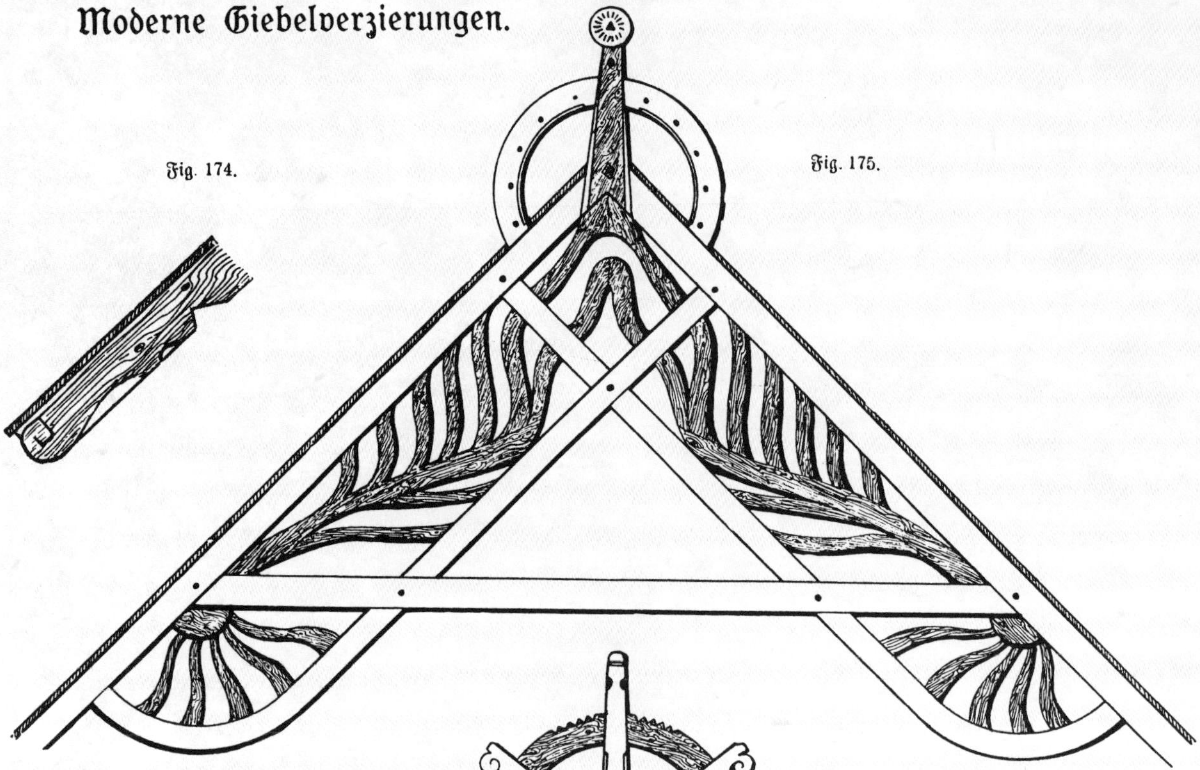

Fig. 176. Fig. 177.

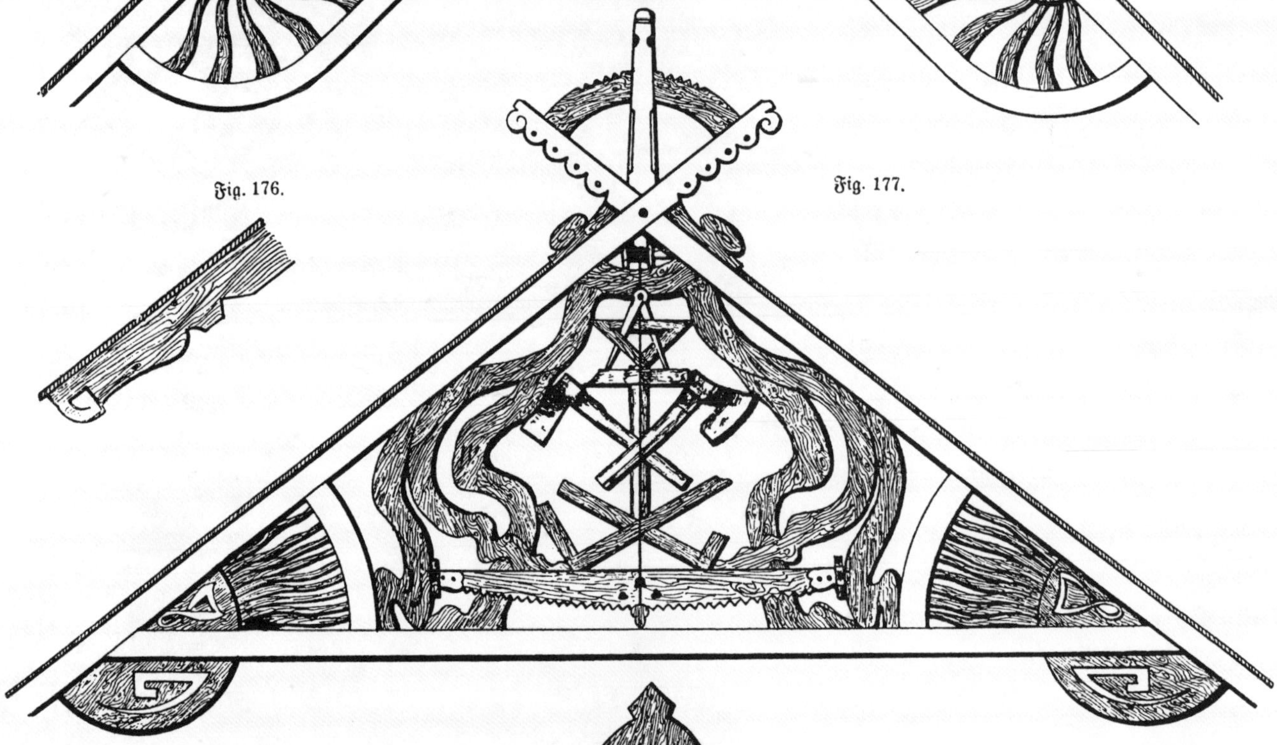

Fig. 178. Fig. 179.

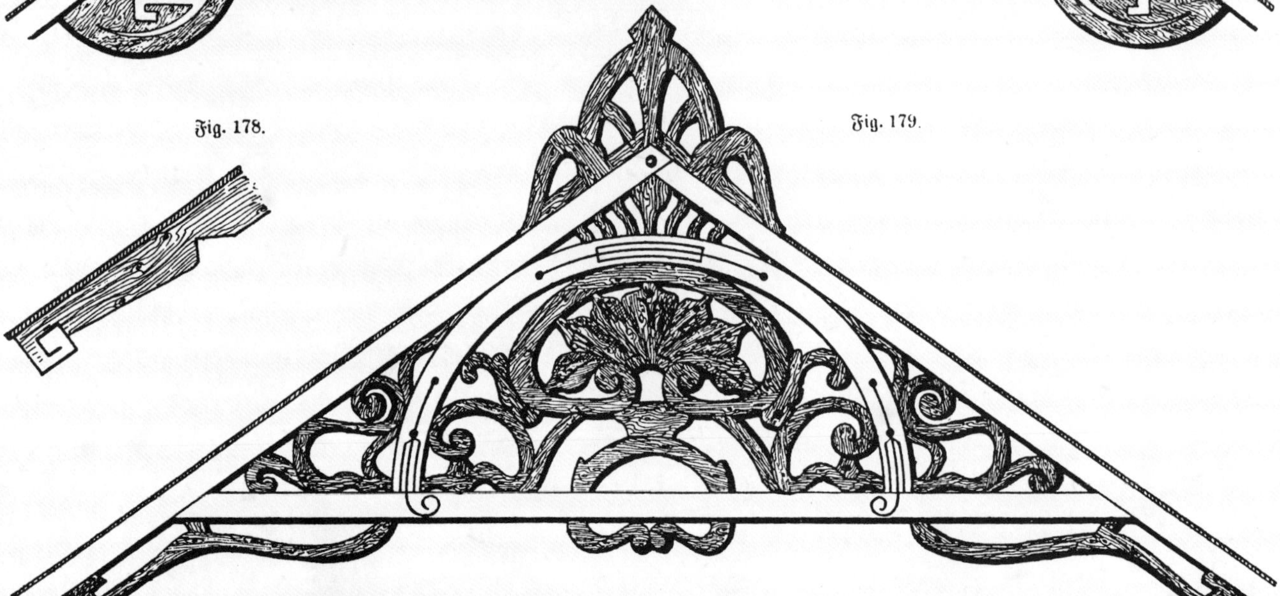

Fig. 180. Fig. 181.

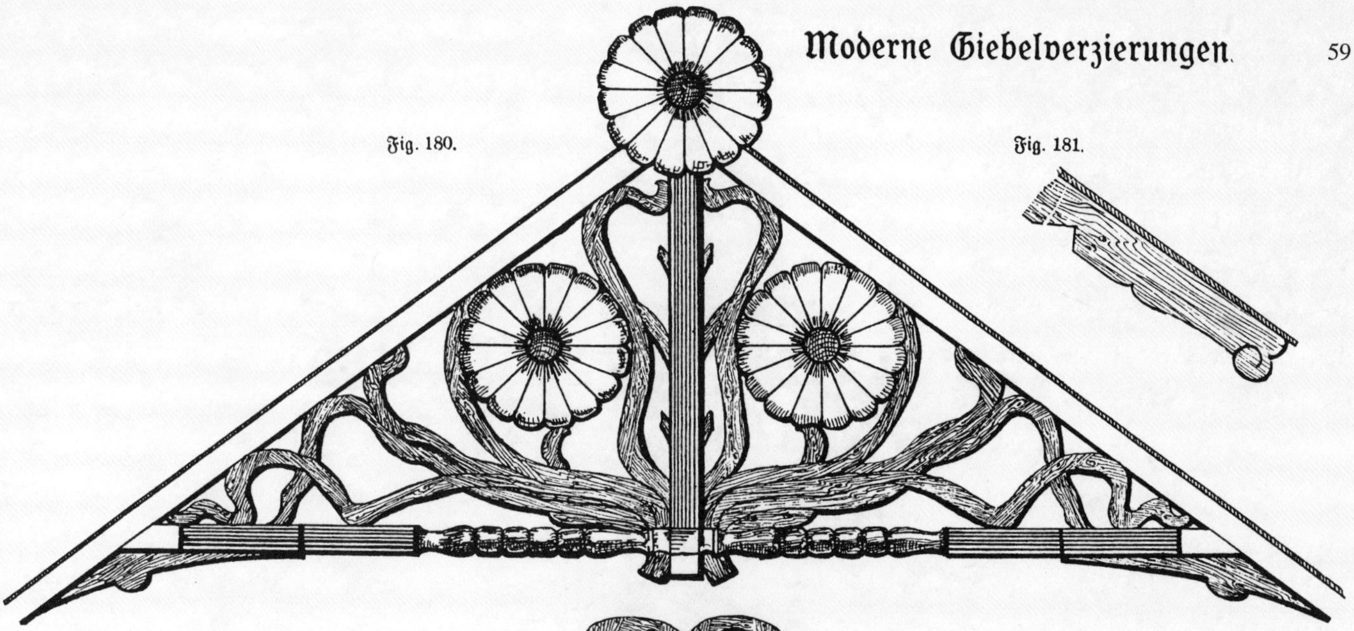

Fig. 182. Fig. 183.

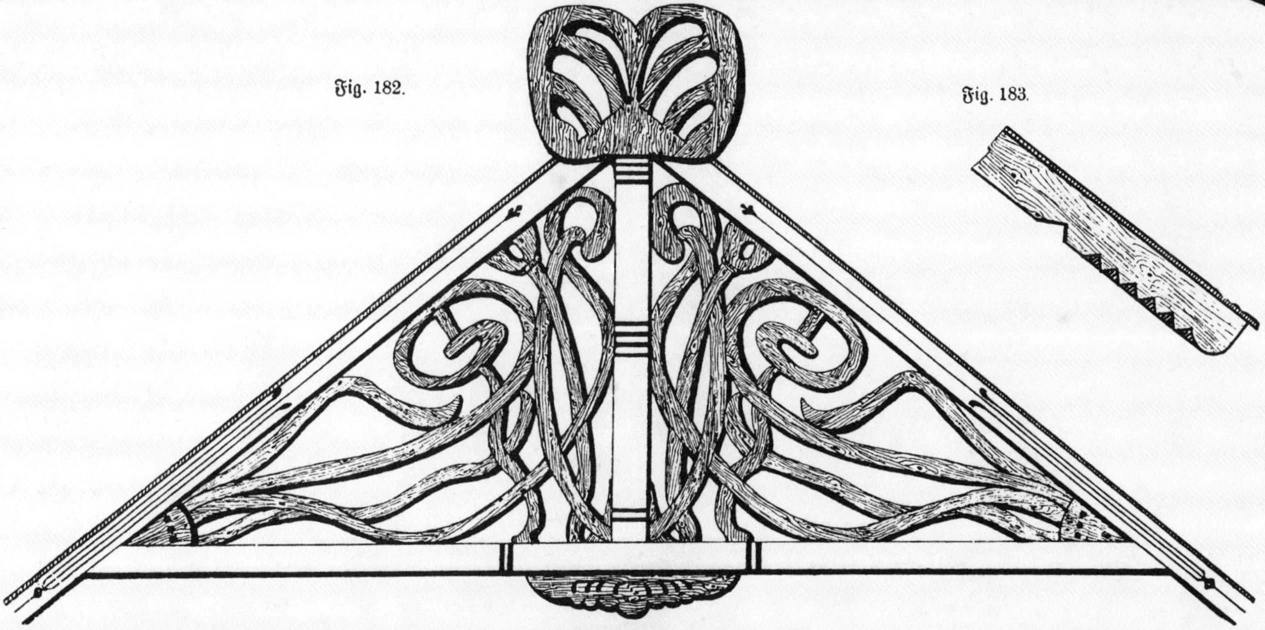

Fig. 184. Fig. 185.

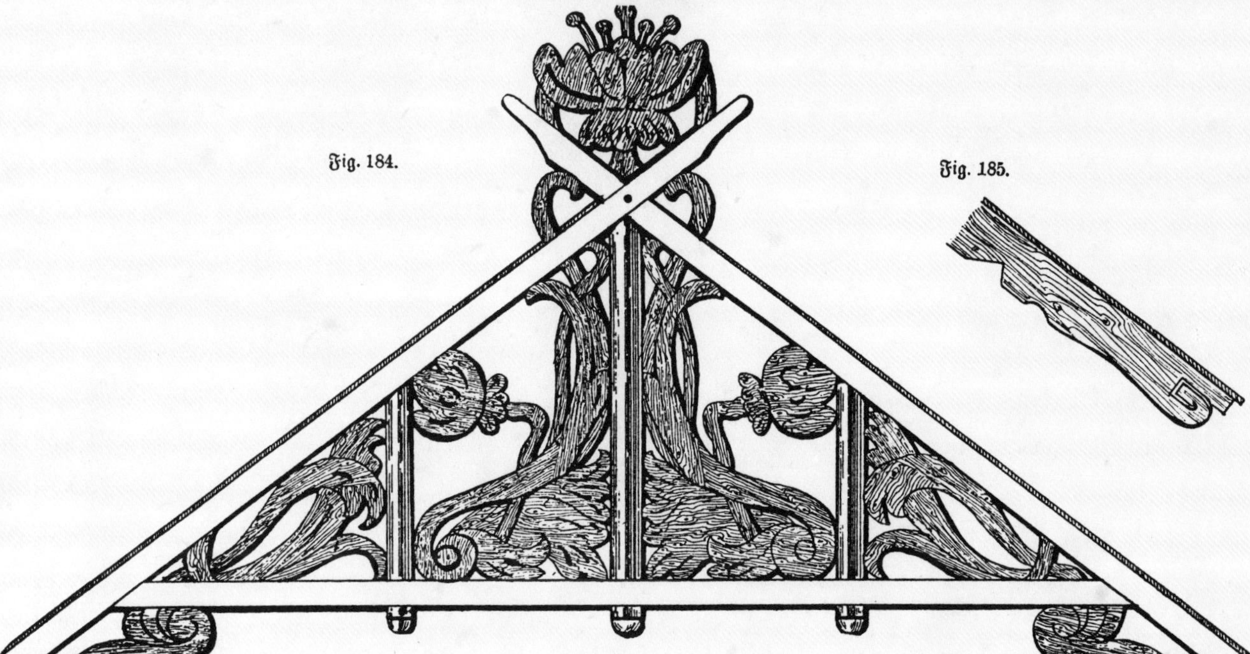

Fig. 186.

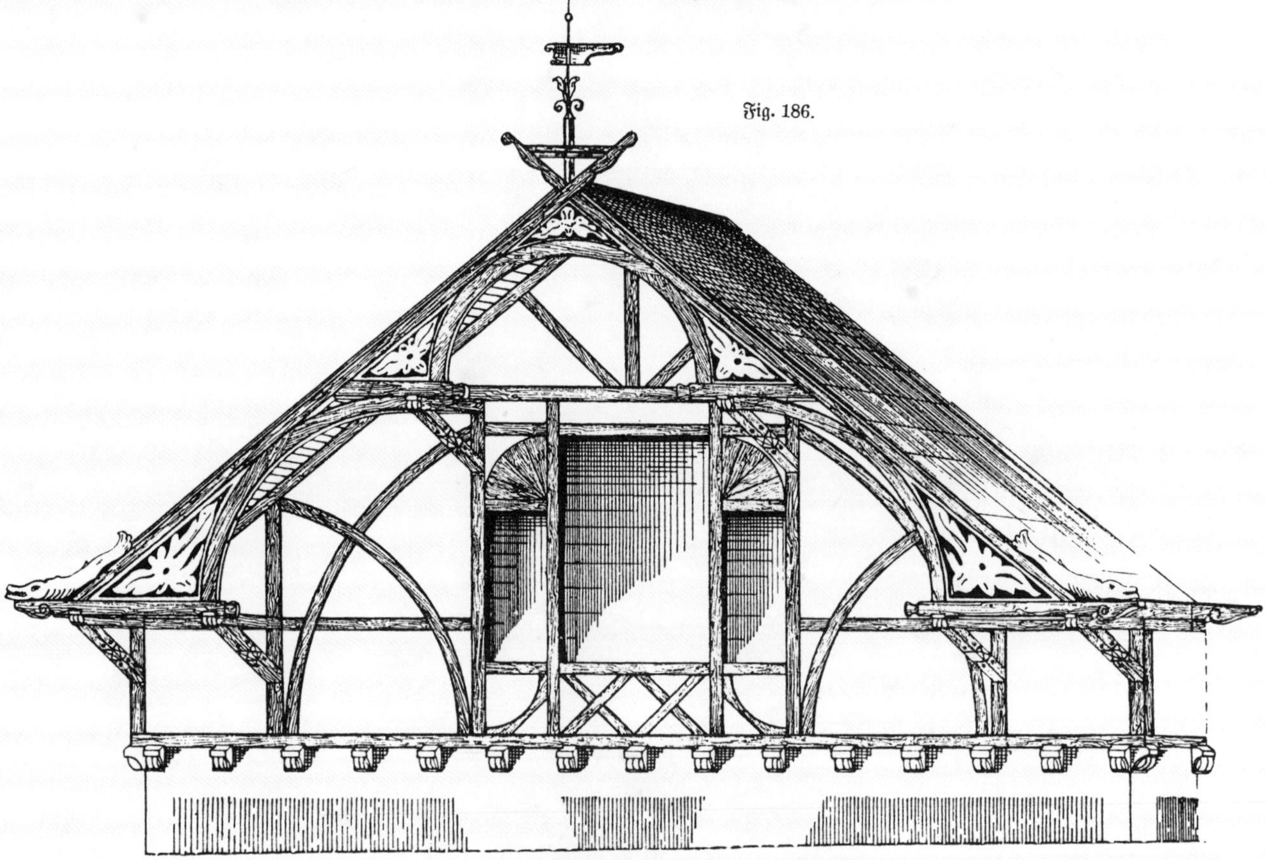

Fig. 187.

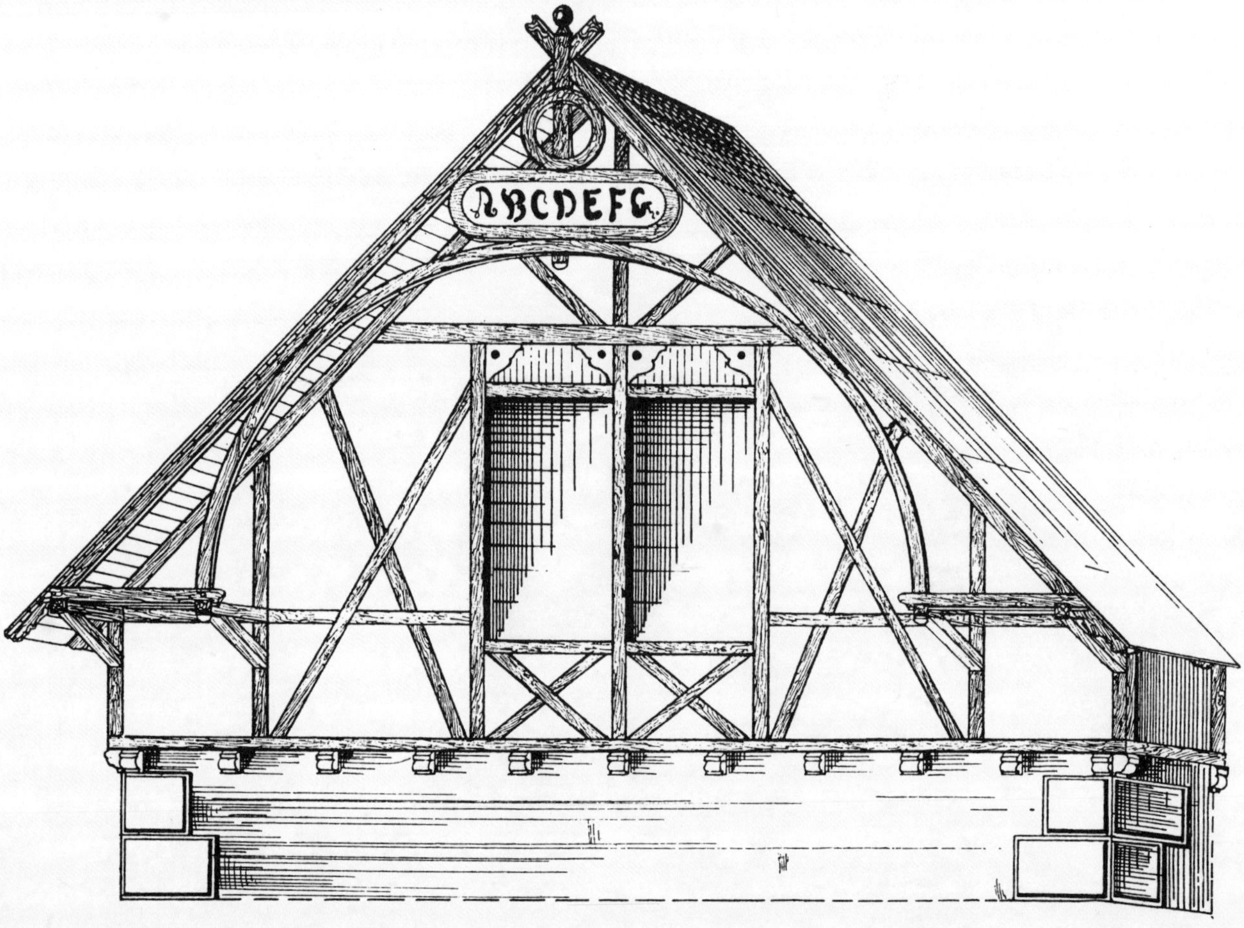

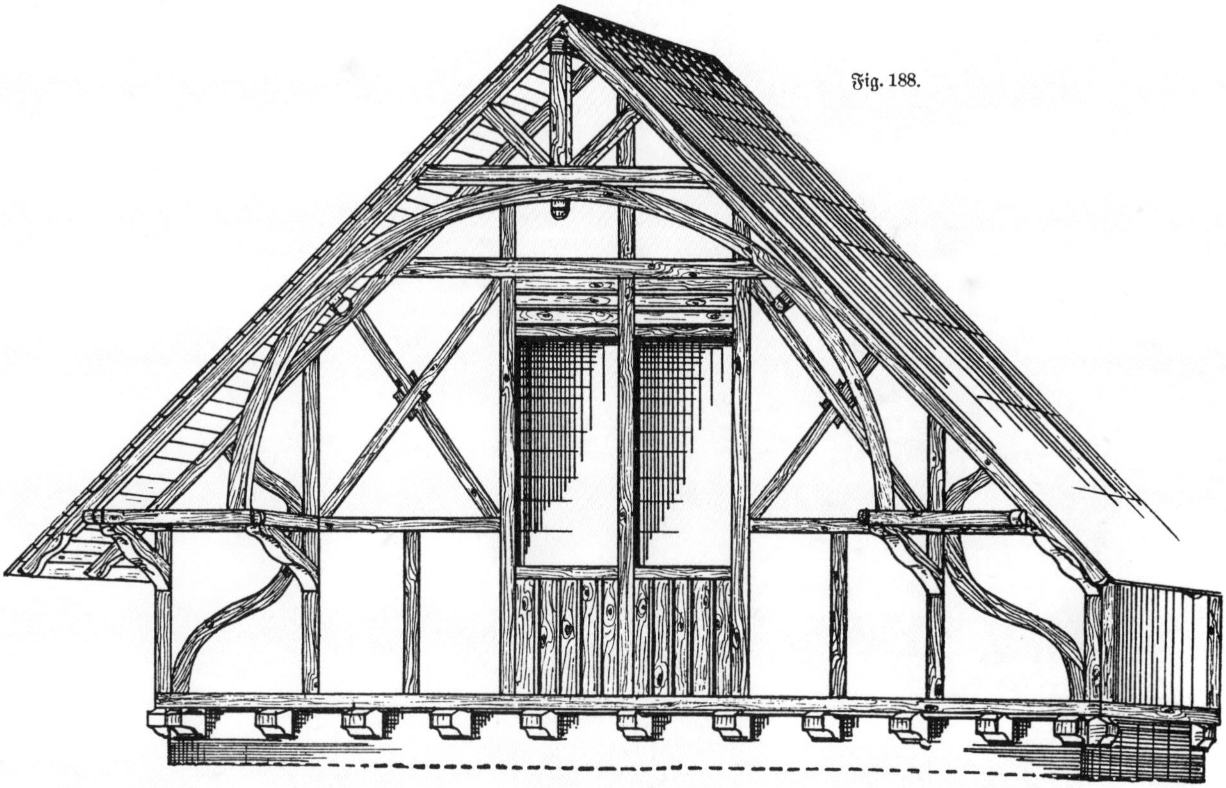

Fig. 188.

Fig. 189.

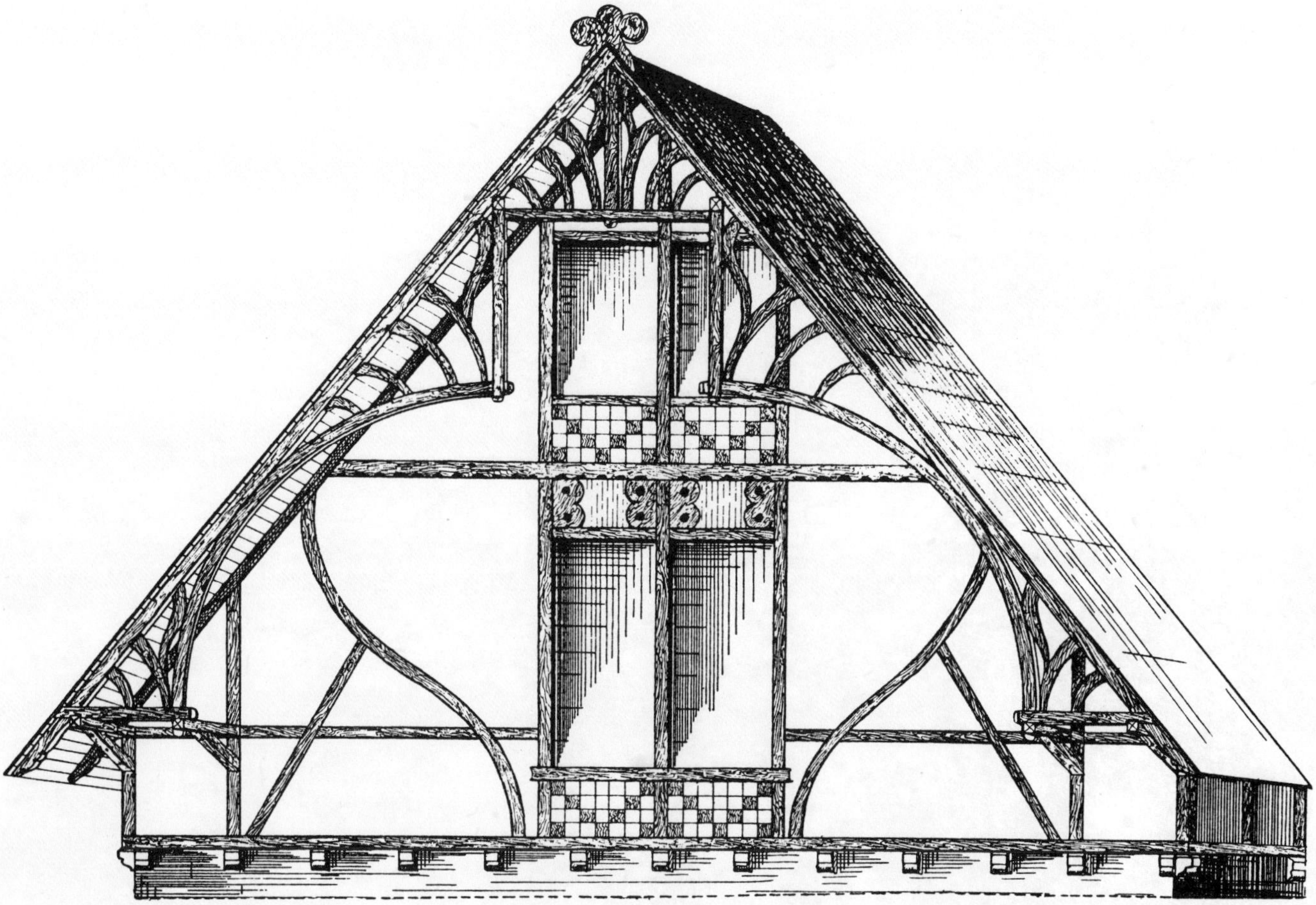

Verschiedene Profilierungen von Säulen.

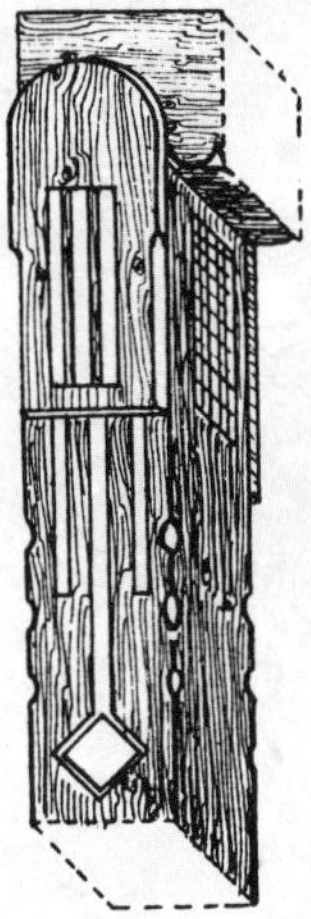
Fig. 190.

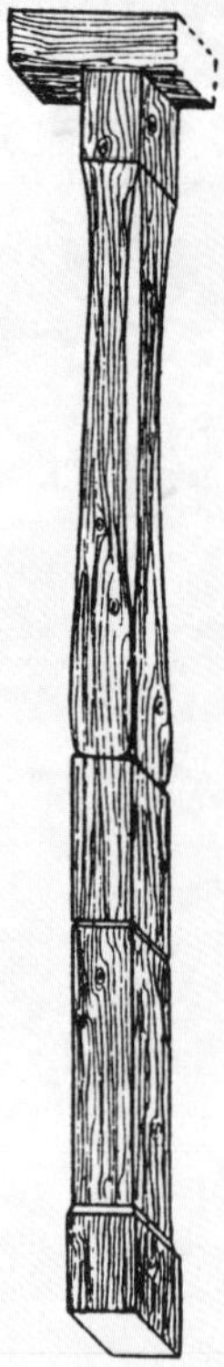
Fig. 191.

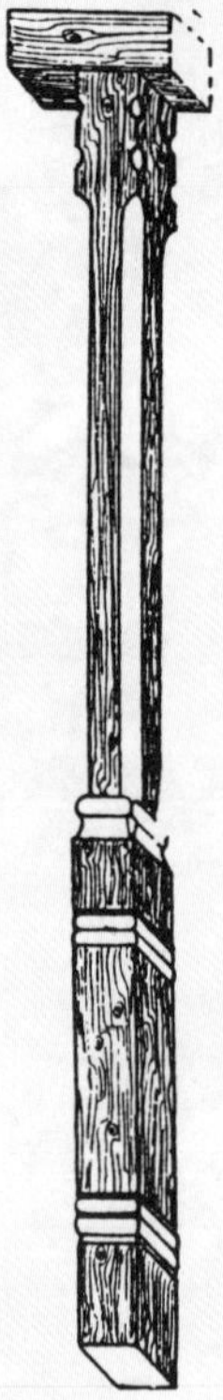
Fig. 192.

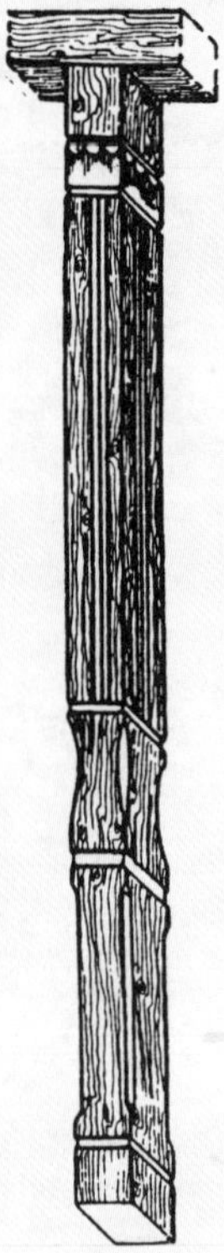
Fig. 193.

Fig. 194.

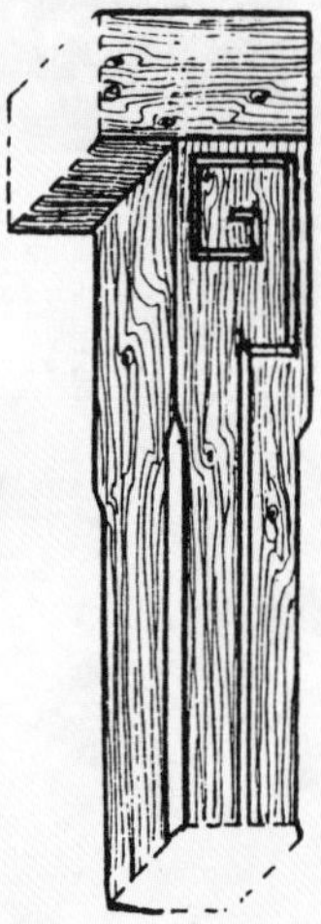
Fig. 195.

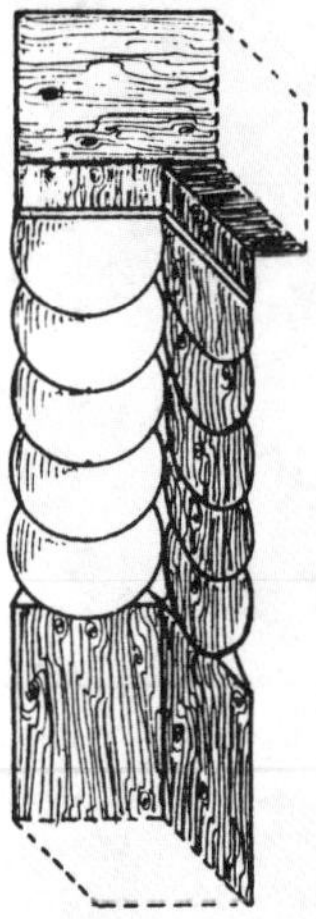
Fig. 196.

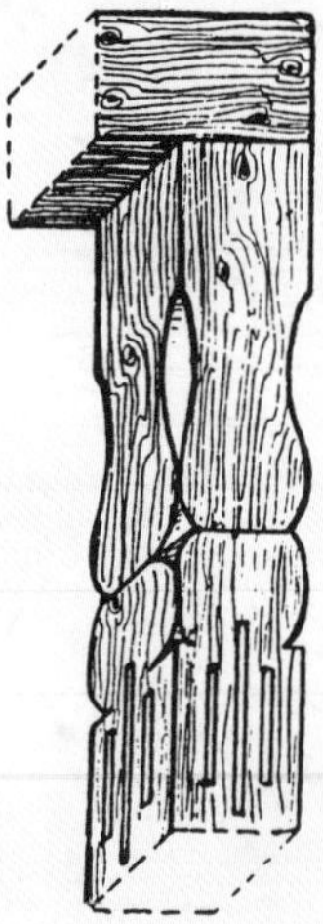
Fig. 197.

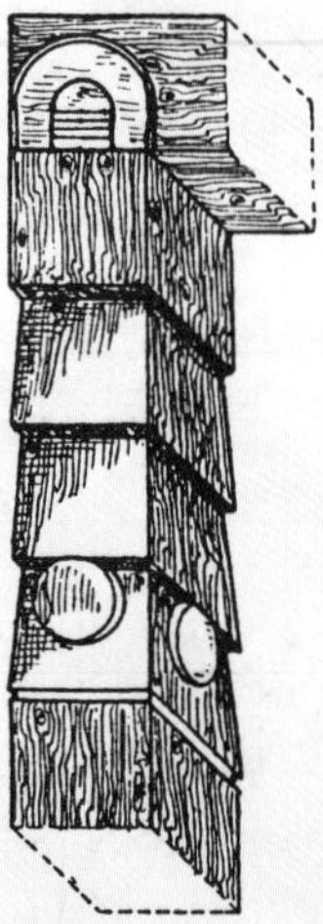
Fig. 199.

Fig. 200.

Fig. 201.

Fig. 202.

Fig. 198.

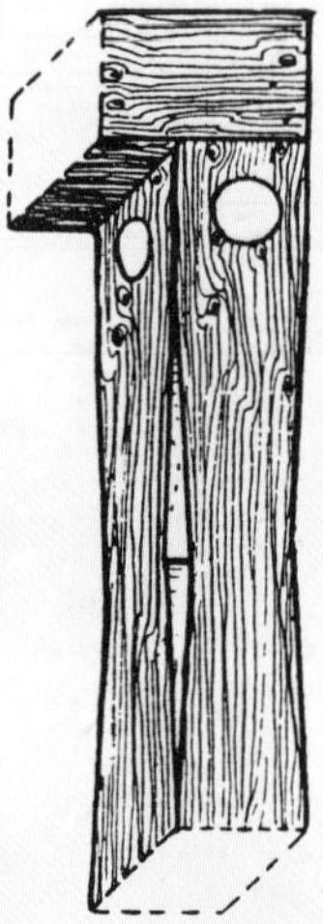
Fig. 203.

Fig. 205.

Fig. 206.

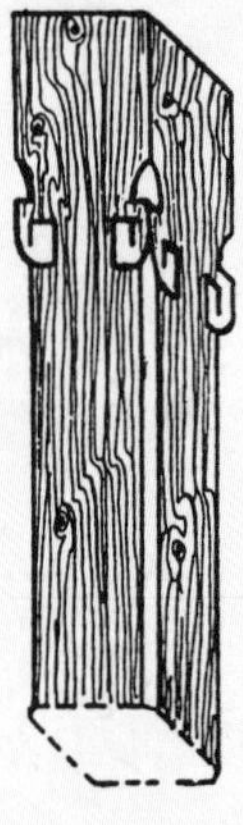
Fig. 207.

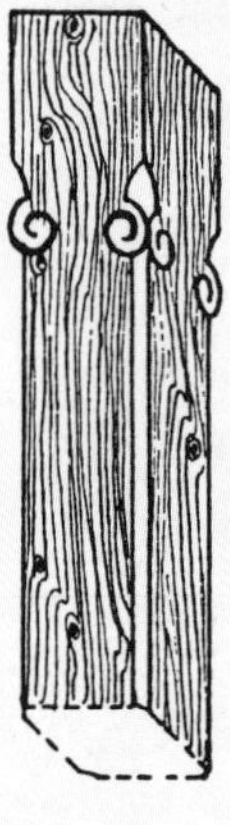
Fig. 208.

Fig. 204.

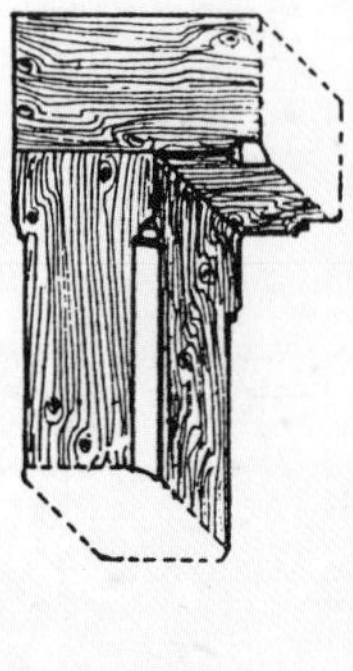
Fig. 209.

Fig. 210.

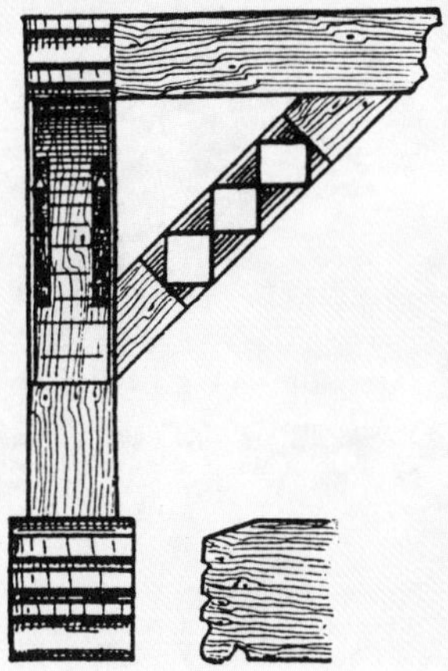

Fig. 211.

Fig. 212.

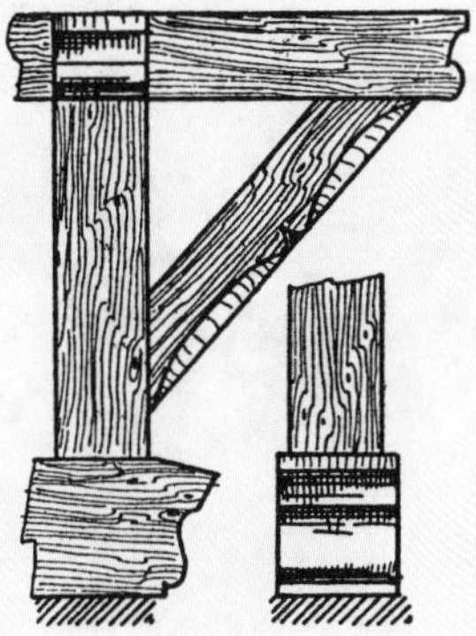

Fig. 213

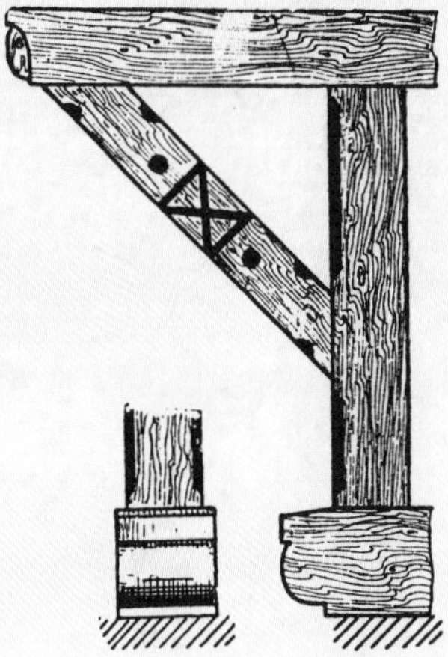

Fig. 214.

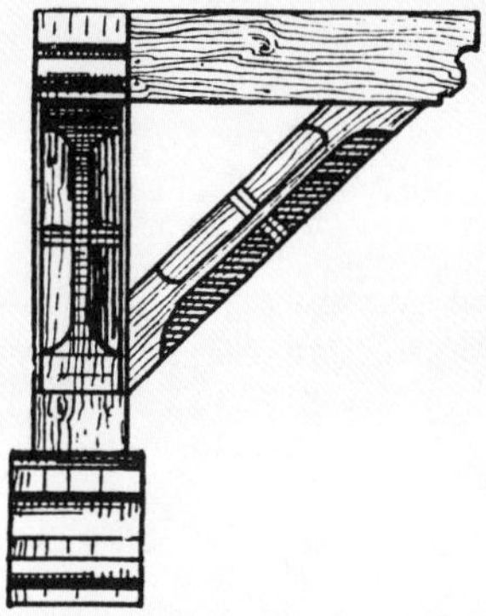

Fig. 215.

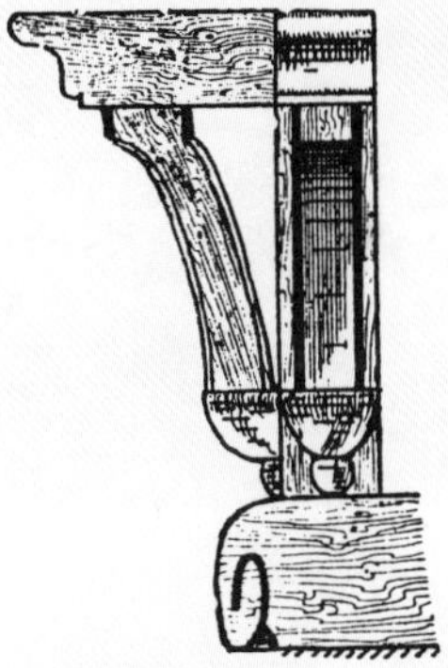

Fig. 216.

Fig. 217.

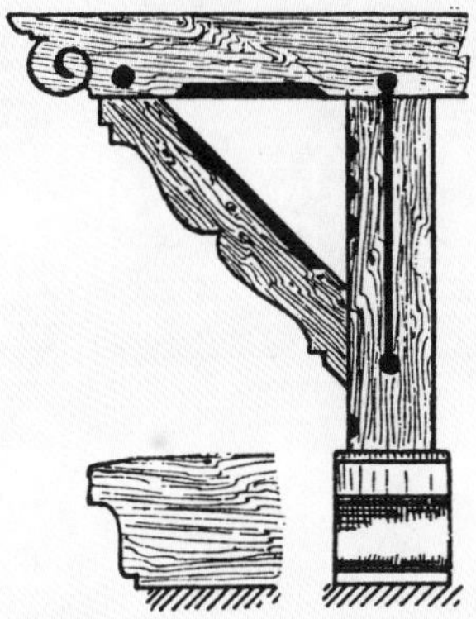

Fig. 218.

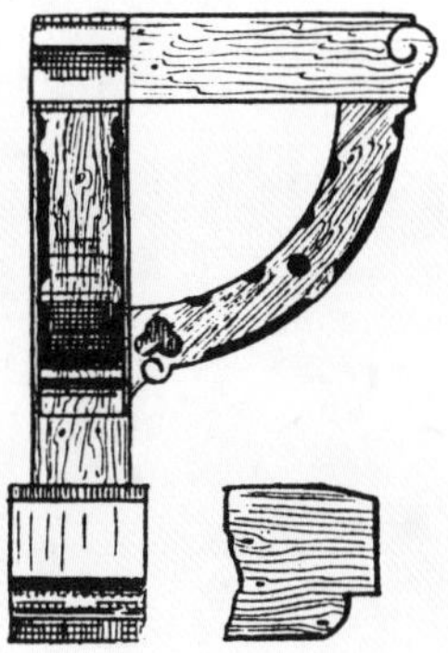

Fig. 219.

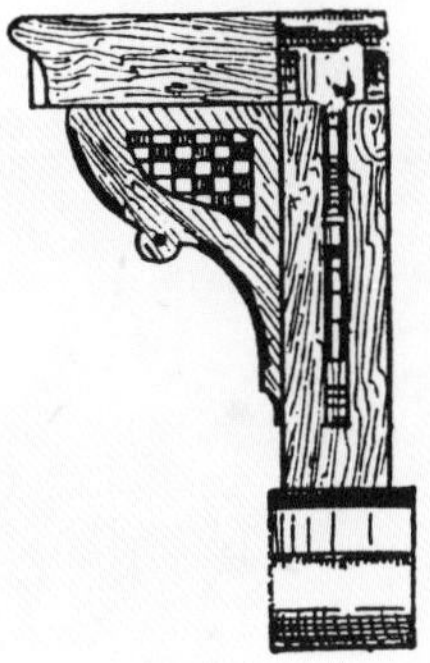

Fig. 220.

Fig. 221.

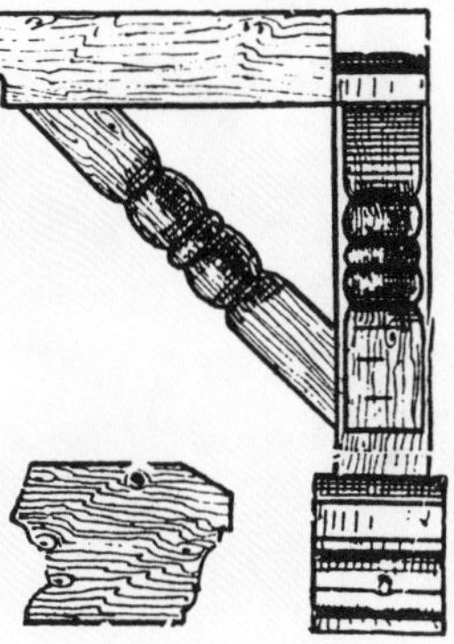

Fig. 222.

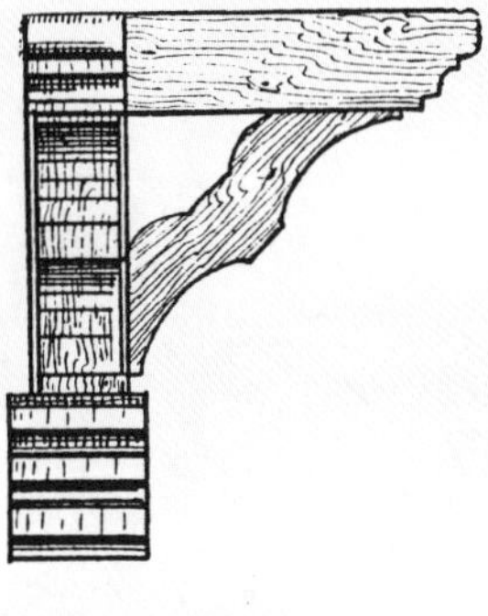

Fig. 223.

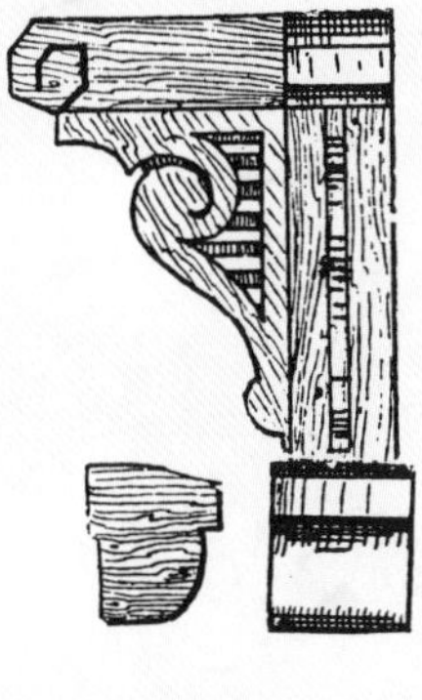

Fig. 224.

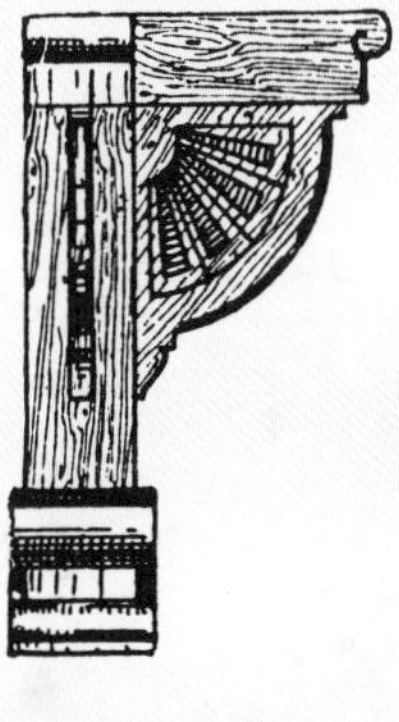

Fig. 225.

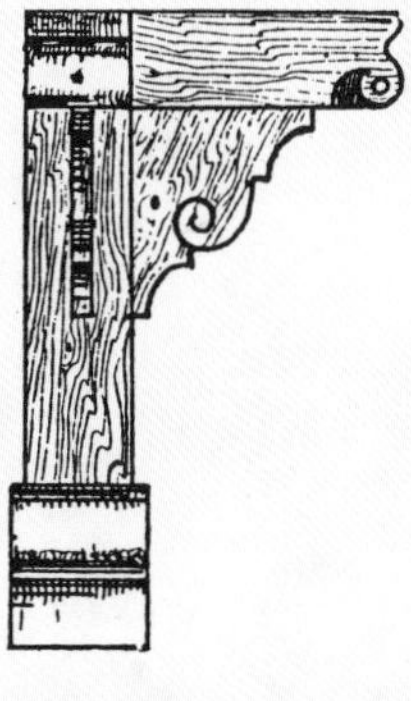

Fig. 226.

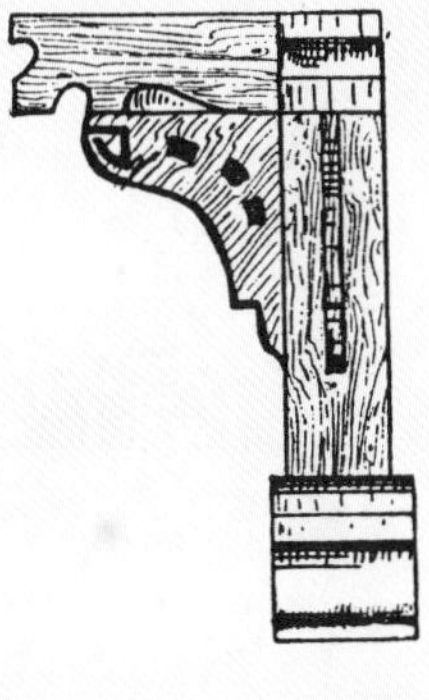

Verschiedene Traufbehänge.

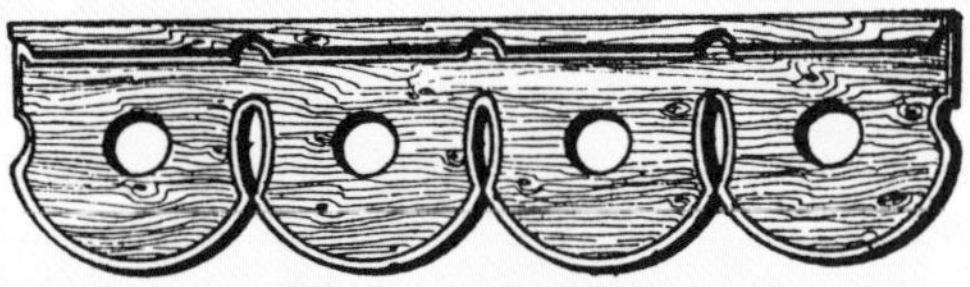
Fig. 227.

Fig. 228.

Fig. 229.

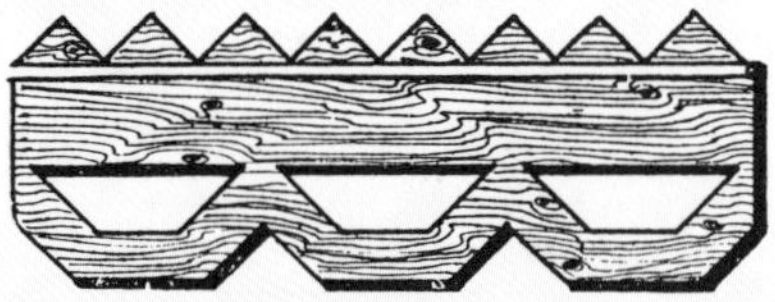
Fig. 230.

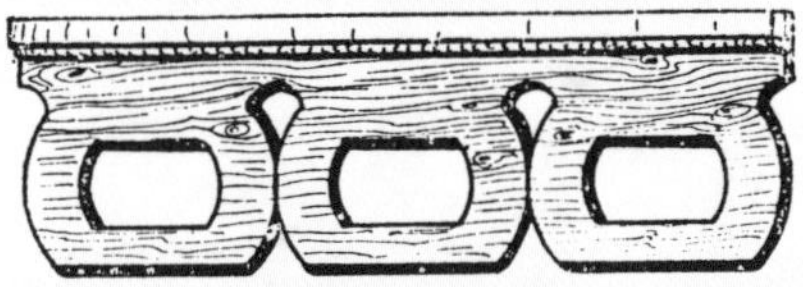
Fig. 231.

Fig. 232.

Fig. 233.

Fig. 234.

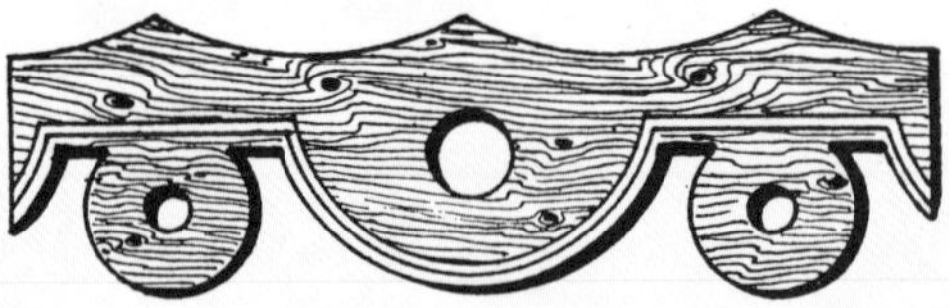
Fig. 235.

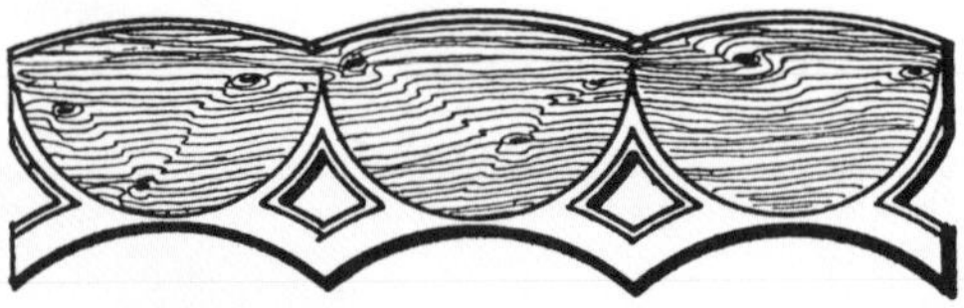
Fig. 236.

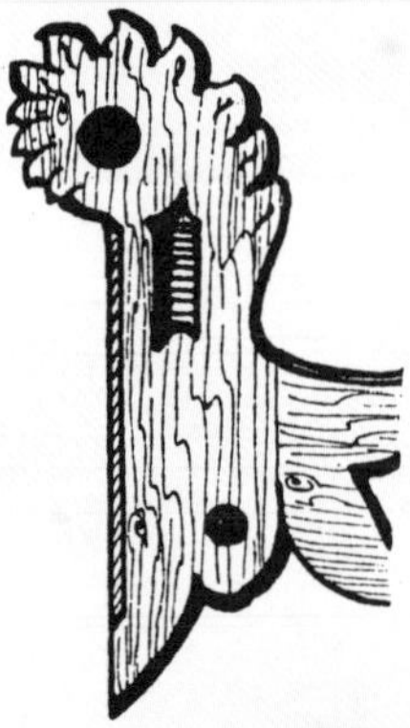
Fig. 237.

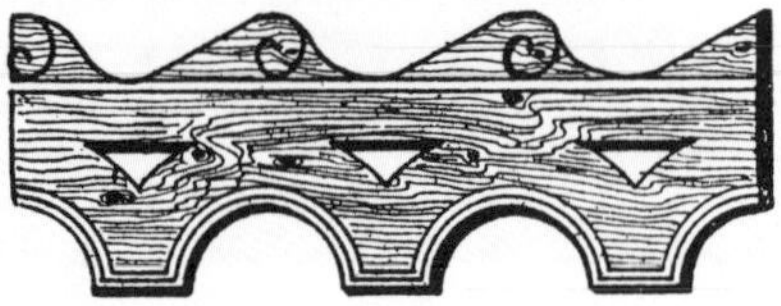
Fig. 238.

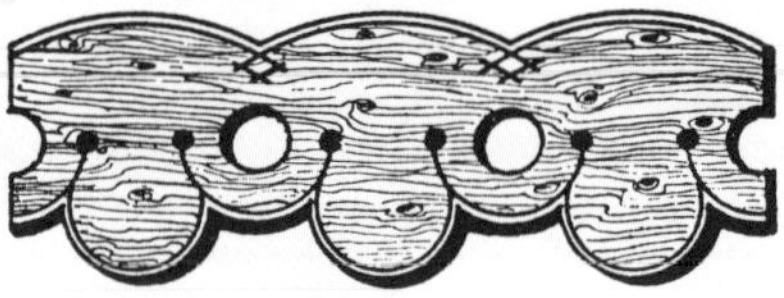
Fig. 239.

Fig. 240.

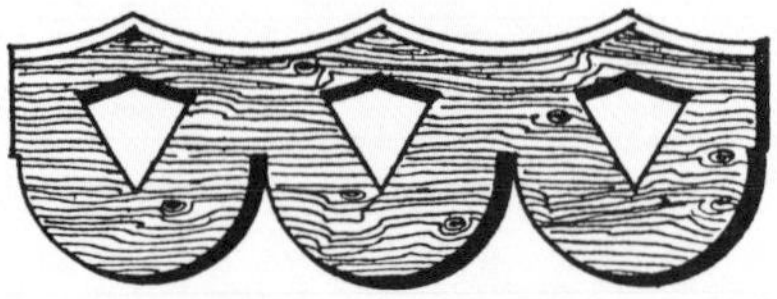
Fig. 241.

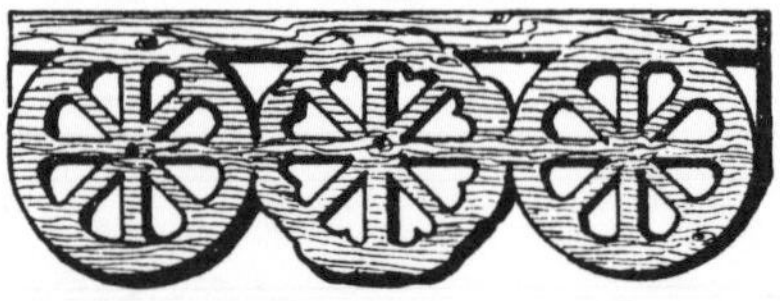
Fig. 242.

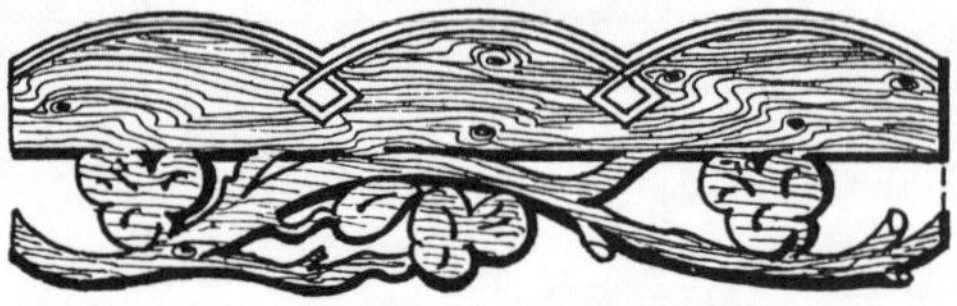
Fig. 243.

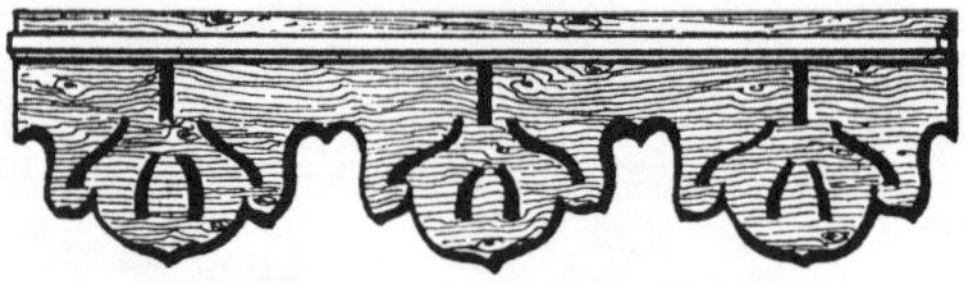
Fig. 244.

Fig. 245.

Fig. 246.

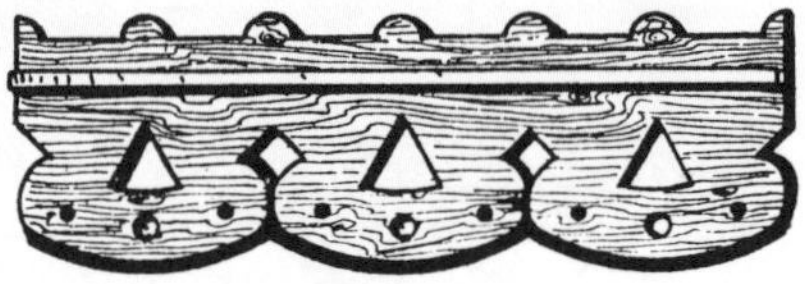
Fig. 247.

Fig. 248.

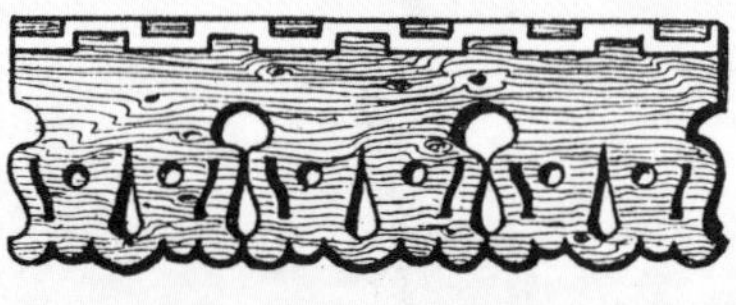
Fig. 249.

Fig. 250.

Fig. 251.

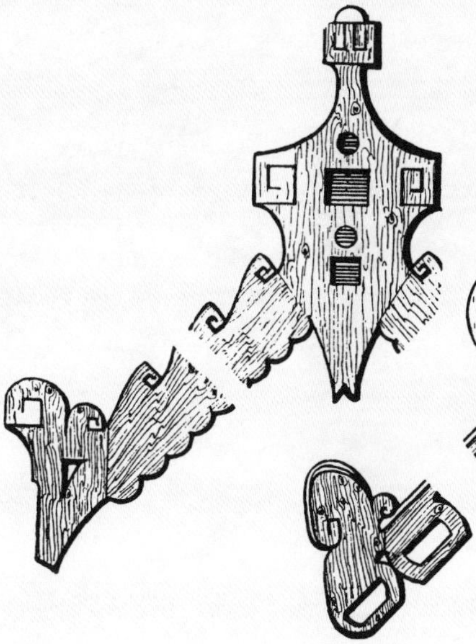

Fig. 252.

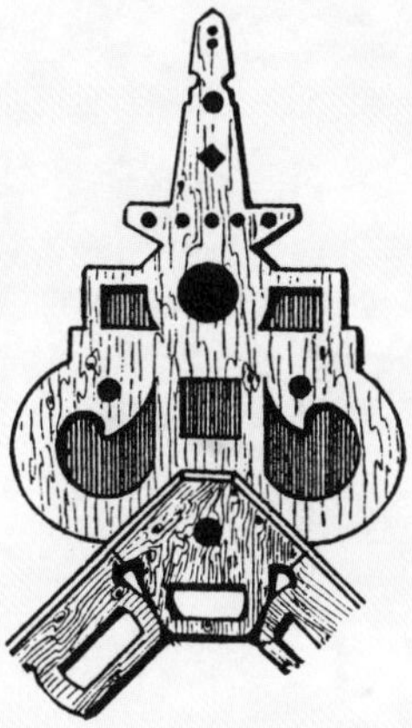

Fig. 253.

Fig. 254.

Fig. 255.

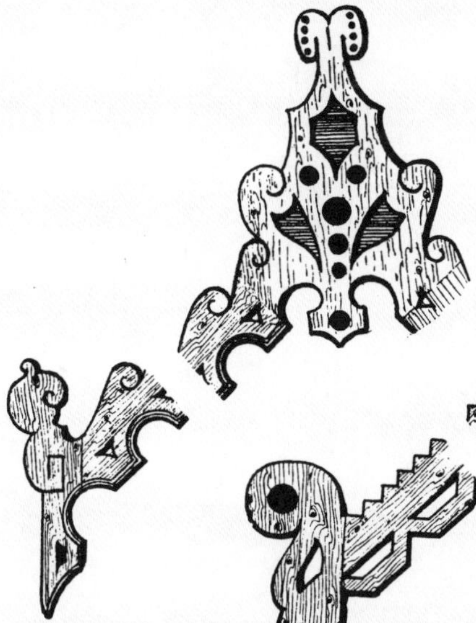

Fig. 256.

Fig. 257.

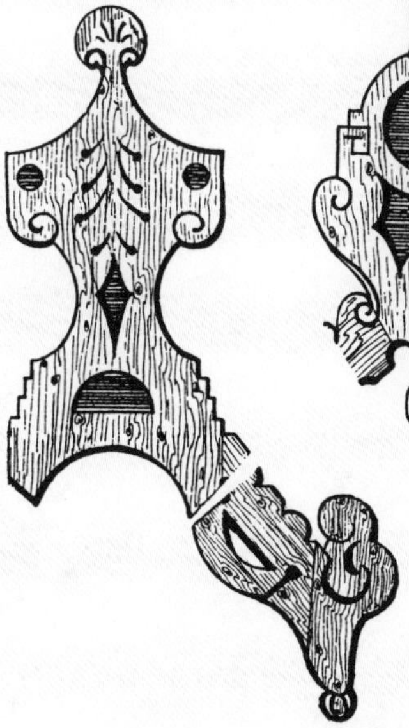

Fig. 258.

Fig. 259.

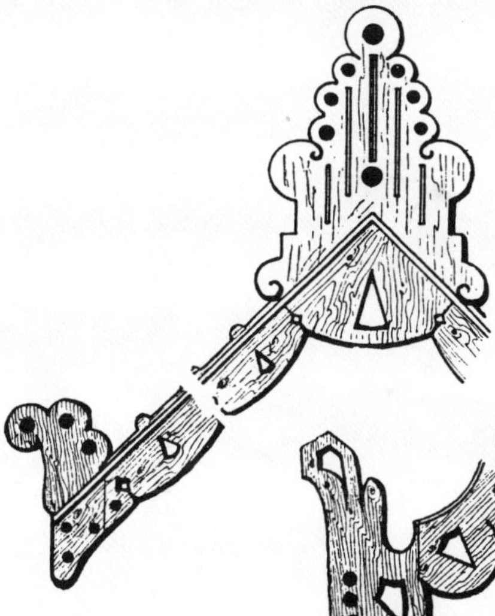

Fig. 260.

Fig. 261.

Fig. 262.

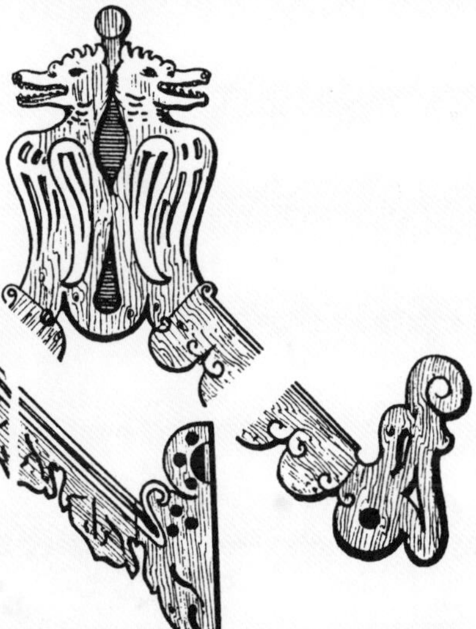

Gustav Wolf

Architekt

Leipzig-Schleußig

Oeserstraße 18

Technisches Bureau

für

Bau, Kunst und Litteratur

übernimmt

die Anfertigung aller im Baufach vorkommenden Zeichnungen

speziell

Werkzeichnungen, Fassaden, Details, Hochperspektiven und Klichezeichnungen 2c.

Solide Preise. **Coulante Bedienung.**

Bei auswärtigen Aufträgen wird gebeten, die genauen Maße der Länge, Breite und Höhe anzugeben, und wenn Vorlagen von Lauben, Verandas und Giebelverzierungen in Frage kommen, die Figurnummer mit beizufügen.

Wolf's Berechnungsapparat

für

Quadratinhalt bezw. Stückzahl und Lohnberechnung

(eventuell auch Kubikinhalt)

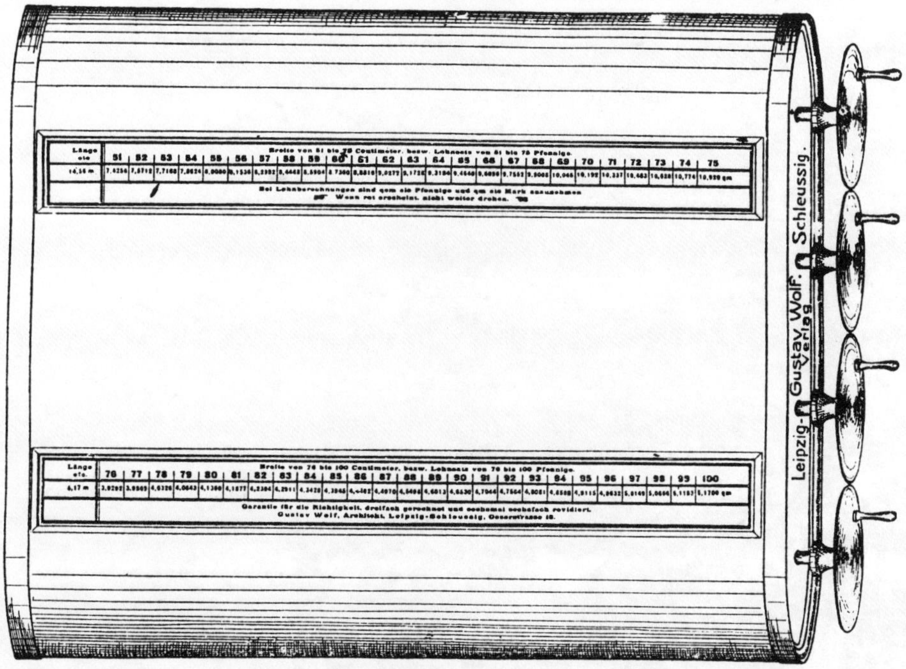

Preis direkt bezogen 40.– Mk.

Mit diesem Apparat kann man, ohne zu rechnen und ohne vorherige Übung, im Nu das Resultat finden, denn man braucht bei demselben, um den Quadratinhalt festzustellen, nur das Längenmaß anzudrehen und erhält dann unter der betreffenden Breite die Zahl des Quadratinhaltes. Ist z. B. ein Brett 3,75 Meter lang und 36 Centimeter breit, so dreht man die Länge 3,75 Meter an, wodurch sich dann unter dem Breitenmaß 36 Centimeter der Quadratinhalt 1,35 Quadratmeter des betreffenden Brettes ergibt. In gleicher Weise kann man auch Stückzahl und Lohn berechnen, nur daß statt Meter und Centimeter, Mark und Pfennige angenommen werden. Die Länge ist hier bei diesem Apparat bis 15 Meter und die Breite bis 100 Centimeter in einzelnen Centimeter gegeben, während die Resultate bis 4 Decimalen berechnet sind, so daß man bei größeren Berechnungen auch Kommaverschiebungen vornehmen kann.

VERLAGSHINWEISE

Fach- und Sachbücher aus vergangenen Jahrhunderten

EDITION libri rari

Hans Issel

Der Holzbau (1900)

Issels „Holzbau“ – heißt es im Kommentar von Manfred Gerner – „ist auch heute noch das, was er zur Zeit, als er geschrieben wurde, sein sollte: ein umfassendes Kompendium der Konstruktion und Architektur des Fachwerk-, Block-, Ständer- und Stabbaus“. In diesem Buch überwiegt der Praxisbezug, d. h. die genaue Darstellung konstruktiver Details und der Holzverbindungen. Ein Buch mit hohem Gebrauchswert für jeden Praktiker.

224 Seiten, 17,5 × 24 cm, 12 Tafeln, 400 Abbildungen
fester Einband mit Goldprägung
Best.-Nr. 1020 · ISBN 3-88746-086-3

Fritz Kress

Der Treppen- und Geländerbauer

Dieses 1952 letztmalig erschienene „Konstruktionsbuch für Handwerker und Techniker zum Bau von Holztreppen und Holzgeländern“ ist aus heutiger Sicht in seinen wesentlichen Teilen nicht veraltet oder überholt. Gute Abbildungen und deutliche Zeichnungen, die Gründlichkeit der Darstellung, die vielen Details und Tips machen das Werk unentbehrlich für jeden Praktiker.

Begleittext von Manfred Gerner, Fulda

244 Seiten, 22 × 29,7 cm, 623 Abbildungen
fester Einband mit Prägung
Best.-Nr. 1022 · ISBN 3-88746-213-0

Theodor Krauth / Franz Sales Meyer

Das Zimmermannsbuch
Die Bau- und Kunstzimmerei (1899)

Ein Lehrbuch aus der Zeit um die Jahrhundertwende mit 361 Illustrationen im Text und weiteren 131 ganzseitigen Tafeln. Die Autoren der Schreinerbücher haben auch hier ein Werk geschaffen, das durch die enorme Breite des behandelten Stoffes und die klare informative Darstellungsweise viel Interesse findet. Zimmerleute greifen auch heute gerne auf dieses Buch zurück.

512 Seiten, 17,5 × 24 cm, 131 Tafeln, 361 Abbildungen
fester Einband mit Goldprägung
Best.-Nr. 1212 · ISBN 3-88746-004-9

Gustav Blohm

Das deutsche Zimmerhandwerk (1912)

Der Band ist Lehrbuch und Nachschlagewerk zu allen Bereichen des Zimmerhandwerks. Das reichbebilderte Standardwerk behandelt Holzkonstruktionen und Herstellungsverfahren, den Werkstoff Holz sowie die Arbeitsbereiche des Zimmerhandwerks vom „Grundbau“ bis zu Dächern, Türen und Toren und Fenstern. Ein historischer Überblick betrachtet den Block- und Fachwerkbau.

632 Seiten, 17 × 24 cm, 1183 Abbildungen im Text
mehrfarbiger, fester Einband mit Prägungen
Best.-Nr. 1024 · ISBN 3-88746-257-2

Adolf Opderbecke

Das Holzbau-Buch (1909)

„Das Holzbau-Buch“ ist ein Standardwerk, das bis heute nichts von seinem Wert eingebüßt hat. Neben der didaktisch hervorragenden textlichen Darstellung sind besonders die detailreichen, präzisen Zeichnungen wertvoll. Die Tätigkeiten des Zimmermanns und des Bautischlers werden umfassend beschrieben, wobei ein Schwergewicht bei den Holzverbindungen, Wand- und Dachkonstruktionen und der formalen Ausbildung von Innenausbauten liegt. Unentbehrlich für jeden Praktiker, der sich mit Holzbauten befaßt.

352 Seiten, 21 × 28 cm, 736 Abbildungen im Text und 30 ganzseitige Tafeln,
mehrfarbig bedruckter fester Einband
Best.-Nr. 1025, ISBN 3-88746-339-0

Hermann Knuchel

Holzfehler (1934)

Das Buch verzeichnet die gesamte Bandbreite von Fehlbildungen, Krankheiten und Schädigungen der unterschiedlichen Nutzhölzer. Das Werk enthält wichtige forstwirtschaftliche Erkenntnisse und es gibt praktische Winke, wie die Erzeugung fehlerfreien Holzes gefördert werden kann. Darüber hinaus verrät es uralte Regeln, es vermittelt wertvolle Hinweise, welches Holz, auch fehlerhaftes, zu welchen Zwecken zu verwenden ist. Ein Standardwerk für den Praktiker in Forstwirtschaft, Holzverarbeitung, Handel und Handwerk.

120 Seiten, 16 × 22,8 cm, mit 110 Abbildungen im Text
mehrfarbig bedruckter, fester Einband
Best.-Nr. 1112 · ISBN 3-88746-332-3

Zimmermanns-Sprüche (1896)

und Kranzreden beim Richten neuer Gebäude, namentlich von bürgerlichen Wohn- und Wirtschaftsgebäuden, Kirchen, Türmen, Gerichtsgebäuden, Rathäusern, Kasernen, Theatern, Waisen-, Schul- und Pfarrhäusern usw. usw. Seinerzeit ein unentbehrliches Nachschlagewerk mit gereimten Texten für fast alle Gelegenheiten. Auch heute wieder ein gesuchtes Quellenwerk für Richtfeste und Feiern der Zimmerleute und Bauhandwerker.

320 Seiten, 11 × 17 cm, fester Einband mit Goldprägung
Best.-Nr. 1219 · ISBN 3-88746-100-2

Eugen Weiß

Zünftiges von Zimmerleuten (1923)

Diese einzigartige volkskundliche Sammlung zum alten Zunftleben verzeichnet zahlreiche Lieder, Redensarten, Ausdrücke, auch deftige Kraftausdrücke und Schimpfreden, ferner Sprüche, Späße und Erzählungen. Man erfährt von der Rangordnung auf dem Zimmerplatz, der rechten Bekleidung, dem zünftigen Gerbrauch der Werkzeuge und dem rauhen, aber herzlichen Umgang der Leute miteinander.

248 Seiten, 14 × 21 cm, mehrfarbig bedruckter,
fester Einband mit Farbprägungen
Best.-Nr. 1239 · ISBN 3-88746-322-6

Otto Warth

Die Konstruktionen in Holz (1900)

Diese Baukonstruktionslehre von Dr. Otto Warth hat seinerzeit mehrere Auflagen erlebt und galt ebenfalls als wichtiges Standardwerk. Eine erfreuliche Ausnahme unter den häufig trockenen Fachpublikationen mit 825 ausgezeichneten Holzschnittillustrationen im Text und 124 lithographierten Bildtafeln, auf denen unzählige Einzeldarstellungen zu sehen sind. Fachleute äußern sich begeistert über dieses Werk.

508 Seiten, 17,5 × 24 cm, 124 Tafeln, 825 Abbildungen
mehrfarbig bedruckter, fester Einband, Goldprägung
Best.-Nr. 1013 · ISBN 3-88746-019-7

Paul Rowald

Brauch, Spruch und Lied der Bauleute (1903)

Dieses einzigartige Buch verzeichnet die Spruchdichtung der am Bau beteiligten Gewerke, besonders der Maurer und Zimmerleute. Gesammelt sind die Zeremonien von der Grundsteinlegung bis zur Schlüsselüberreichung, Bräuche in der Herberge, Reime, Haussprüche, Lieder und Scherze.
Unentbehrlich für alle, die Texte für Grundsteinlegungen, Richtfeste und zünftige Feiern suchen.

Begleittext von Dr. Joachim F. Baumhauer, Hannover

232 Seiten, 11,5 × 16,5 cm, 10 Abbildungen im Text,
mehrfarbig bedruckter, fester Einband mit Prägungen
Best.-Nr. 5223 · ISBN 3-88746-329-3

Fach- und Sachbücher aus vergangenen Jahrhunderten

Heinrich Tessenow

Zimmermanns-Arbeiten

Entwürfe für Holzbauten (1907)

Dieses ansprechende Vorlagenwerk bietet 40 Tafeln mit Vorlagen für Bauten, bei denen die Verwendung von Holz zu konstruktiven und dekorativen Zwecken im Vordergrund steht. Neben Rückgriffen auf bäuerliches Bauen und Wohnen stehen kühne Ausblicke auf das funktionale urbane Bauen der Zwanziger. Gezeigt sind repräsentative Wohnbauten und ihre Einzelheiten sowie kleinere Bauwerke, Gartenlauben und Pavillons und schließlich Terassen, Treppen, Zäune und Tore.

96 Seiten, 22 × 28 cm, 40 Tafeln mit 130 Einzelabbildungen, mehrfarbig bedruckter, fester Einband
Best.-Nr. 1240 · ISBN 3-88746-331-5

Architekt Max Hittenkofer

Neuere Dach-Binder (1873)

„Neuere Dach-Binder" ist eine für die Zeit charakteristische Vorlagensammlung. In den Beispielen ist der Bogen von handwerklicher Zimmerungskunst zum Ingenieurholzbau gespannt. Auch wichtige Neuerungen, wie etwa die Kombination mit Stahl, sind berücksichtigt. Es finden sich Konstruktionen, die in Berlin, München, Wien, Paris und Pest standen, aber auch bei Krupp in Essen oder auf dem flachen Land. Dargestellt sind Dachbinder von Industriebauten, von Kirchen und schließlich von kleineren Objekten bis hin zu Stallungen.

Begleittext von Dipl.-Ing. Manfred Gerner, Fulda

112 Seiten, 23×28 cm, 49 ganzseitige Tafeln mit 163 Konstruktionen, mehrfarbig bedruckter, fester Einband
Best.-Nr. 1026, ISBN 3-88746-341-2

B. Kässner

Über das Wesen der Parkets und deren Erzeugung (1877)

Historische Bücher zum Thema Parkett sind ausgesprochene Raritäten. Daher ist das in diesem kleinen (aber feinen) Werk gesammelte handwerkliche Wissen äußerst wertvoll. Die Musterzeichnungen zeigen eine ganze Palette von schlichten bis kunstvollen Parketten; der Text verrät längst vergessene Rezepturen und historische Techniken. Das Werk ist unentbehrlich für Fachleute und für Entdecker der wundervollen alten Parkettkunst.

Begleittext von Ortwin Baumann, Bonn

72 Seiten, 12 × 19,5 cm, 70 farbige Parkettmuster mehrfarb. bedruckter, fester Einband mit Goldprägung
Best.-Nr.1243 · ISBN 3-88746-355-2

Clara Roth

Neue Kerbschnittmuster (1890/96)

Historisches Vorlagenbuch mit fast 600 Musterzeichnungen. Gezeigt sind einzelne Motive, Rosetten, Bandmuster, Eckstücke, sowie eine Fülle von Gegenständen mit geschnitzer Ornamentik: Tischchen, Bänkchen, Kasten und Kästchen, Schalen, Bilderrahmen, Serviettenringe, Buchdeckel, Eierbecher, um nur einige zu nennen. Die Zeichnungen zeigen Grundrisse, Schnitte und perspektivische Darstellungen. Der Text informiert über das Werkzeug des Holzschnitzers und seine Handhabung.

164 Seiten, 21× 28 cm, 76 doppelseitige Tafeln mehrfarb. bedruckter, fester Einband m. Goldprägungen
Best.-Nr. 1244 · ISBN 3-88746-364-1

Fritz Spannagel

Das Drechslerwerk (1948)

Die Grundlagen des Drechselns sind nirgends gründlicher dargestellt als bei Spannagel. Das bekannte und seit vielen Jahren vergriffene Standardwerk für Drechsler, Werklehrer, Innenarchitekten und Schreiner und für die vielen Hobby-Drechsler wurde wegen der großen Nachfrage wieder von uns herausgegeben. Dieses Handbuch ist trotz der Technisierung und Standardisierung für alle Interessenten eine unentbehrliche Hilfe.

320 Seiten, 17,5 × 24 cm, 1258 Abbildungen mehrfarbig bedruckter, fester Einband
Best.-Nr. 1213 · ISBN 3-88746-014-6

A. Graef / M. Graef

Musterblätter moderner Drechslerarbeiten (1889)

Ein Buch, das zum Zeitpunkt seines Erscheinens als Orientierungshilfe für Drechsler und Möbelfabrikanten gedacht war (mit entsprechenden maßstäblichen Zeichnungen), verdankt seine Wiederentdeckung dem neuerlich großen Interesse an der Drechslerei und, damit verbunden, der Suche nach historischen Vorlagen. Ein Buch voller Anregungen für Hobby und Beruf.

80 Seiten, 21,5 × 30 cm, 65 Tafeln fester Einband mit Goldprägung
Best.-Nr. 1214 · ISBN 3-88746-018-9

Max Metzger

Holzbildhauerei und Holzschnitzerei (1919)

Handbuch für Holzbildhauer und Tischler, gewerbliche und kunstgewerbliche Schulen sowie für „Dilettanten". Umfassendes Werk mit vielen Abbildungen über die kunsthandwerklichen Techniken der Holzbearbeitung. Metzgers Handbuch ist übersichtlich und ausgesprochen praxisbezogen. Enthalten ist hier alles, was es zur Bildhauerei und Schnitzerei in Holz zu beachten gilt. Für Hobby und Beruf sehr geeignet.

224 Seiten, 11,5 × 18 cm, 220 Abbildungen, 28 Tafeln fester Einband mit Goldprägung
Best.-Nr. 1220 · ISBN 3-88746-137-1

Friedrich Seidel

Sprüche für Haus und Gerät (1892)

Eine der wenigen Sammlungen von Sprüchen für Haus und Gerät. Das im Original kaum zu erhaltene Werk bietet eine Blütenlese der volkstümlichen Spruchdichtung. Die Sprüche zierten als Inschriften private und öffentliche Gebäude, Innenräume, Mobiliar, Haus- und Gebrauchsgerät und Wandschmuck. Diese Sprüche lassen sich auch heute noch für Inschriften oder zu anderen Zwecken verwenden.

Begleittext von Dr. Joachim F. Baumhauer, Hannover

180 Seiten, 10,5 × 16 cm mehrfarbig bedruckter, fester Einband
Best.-Nr. 5222 · ISBN 3-88746-274-2

C. A. Martin / C. Marggraf

Der Drechsler (1905)

Von der Ausrüstung und der Werkstatt ausgehend, werden in diesem Band die verschiedenen Arbeitsbereiche der Drechslerei Schritt für Schritt systematisch vorgestellt und detailliert erläutert. Seine Anschaulichkeit aufgrund der zahlreichen Abbildungen und der klare Aufbau machen das Werk zu einem wichtigen Handbuch, das auch für die Hobbydrechslerei eine wertvolle Hilfe darstellt.

416 Seiten, 17 × 24 cm, 724 Textabbildungen mehrfarbig bedruckter, fester Einband
Best.-Nr. 1229 · ISBN 3-88746-242-4

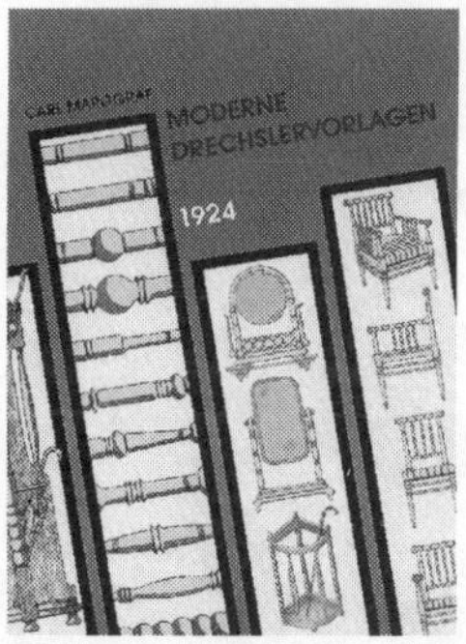

Carl Marggraf

Moderne Drechslervorlagen von 1924

Vorlagen, die als Anregung für eigene Arbeiten dienen können, sind von Hobby-Drechslern gesucht. Bei heutigen Alltagsgegenständen kommen gedrechselte Formen so gut wie gar nicht vor. Wer Anregungen sucht, muß auf frühere Jahrzehnte zurückgreifen. Der Reprint „Moderne Drechslervorlagen", der zwei Vorlagenwerke von 1924 in einem Band vereinigt, bietet hier eine hervorragende Abhilfe. Von der Kinderwiege über die Stehlampe bis zum Schachspiel sind fast alle klassischen Drechslerthemen vertreten.

Begleittext von Martin Nolte, Borchen

88 Seiten, 21×29,7 cm, 38 Tafeln mit 191 Abbildungen, mehrfarbig bedruckter, fester Einband
Best.-Nr. 1242, ISBN 3-88746-342-0

Fach- und Sachbücher aus vergangenen Jahrhunderten

EDITION libri rari

Fritz Spannagel

Der Möbelbau (1954)

Spannagels bekanntestes Fachbuch „Der Möbelbau" ist auch heute noch aktuell und gefragt. Seine Bedeutung für die Praxis ergibt sich aus den vielen Arbeitsanleitungen, den erklärenden Abbildungen, den detaillierten Beschreibungen der Holzverbindungen und anderer Techniken der handwerklichen Holzverarbeitung. Das Handbuch richtet sich vor allem an Schreiner (Tischler), aber auch an Architekten sowie Lehrer und Liebhaber des Holzhandwerks.

368 Seiten, 22 × 29,7 cm, 1538 Abbildungen
mehrfarbig bedrucker, fester Einband
Best.-Nr. 1217 · ISBN 3-88746-062-6

J. Brunschwiler

Stilkunde für Schreiner (1957)

Brunschwilers „Stilkunde" ist ein Buch für die Praxis; kein trockenes Lehrbuch, sondern ein übersichtlicher, gut lesbarer Leitfaden zur stilistischen Entwicklung der verschiedenen Möbel vom Mittelalter bis in unser Jahrhundert. Die stilbestimmenden Elemente und Merkmale (Ornamente, Beschläge etc.) sowie die einzelnen Möbelformen werden beschrieben und im Bild gezeigt. Ein wichtiges Buch für Fachleute im Möbelhandwerk, aber auch für Möbelsammler.
Begleittext von Dr. Hans Stula, Hannover

304 Seiten, 14,8 × 21 cm, 247 Abbildungen, 2 Tafeln
mehrfarbig bedruckter, fester Einband
Best.-Nr. 1221 · ISBN 3-88746-138-X

Chr. Hermann Walde

Der praktische Tischler (1906/1907)

Umfangreiches und umfassendes Handbuch für das Tischlerhandwerk. An der Praxis orientiert und daher auch heute einsetzbar aufgrund der zahllosen Arbeitsvorschläge und der vielen Hinweise auf frühere Techniken der Holzverarbeitung und Möbelfertigung. Die zahlreichen Abbildungen erleichtern den Einsatz des Buches in der Praxis. Das umfangreiche Register macht rasches Nachschlagen möglich.

808 Seiten, 16,5 × 24 cm, 1000 Abbildungen, 79 Tafeln
mehrfarbig bedruckter, fester Einband mit Prägungen
Best.-Nr. 1237 · ISBN 3-88746-298-X

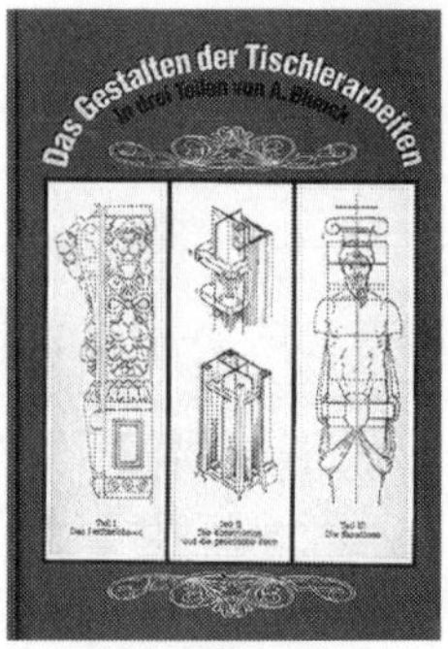

A. Blunck

Das Gestalten der Tischlerarbeiten

Weitverbreitetes, umfangreiches Lehrwerk für Tischler der 20er und 30er Jahre. Für den Nachdruck haben wir die ursprünglichen drei Bände zu einem zusammengefaßt. Die einzelnen Teile behandeln „Das Fachzeichnen", „Die Konstruktion und die praktische Form" sowie „Die Kunstform, allgemeine Richtlinien für das Gestalten der Tischlerarbeiten". Bluncks Lehrbuch gibt auch für die heutige Zeit wichtige Hinweise für das handwerkliche Arbeiten.

444 Seiten, 21 × 30 cm, 105 Tafeln, 1423 Abbildungen
mehrfarbig bedruckter, fester Einband
Best.-Nr. 1230 · ISBN 3-88746-243-2

Fritz Hellwag

Die Geschichte des deutschen Tischlerhandwerks (1924)

Dieses gewichtige Werk bietet eine bis heute unerreichte Leistung, es stellt ein Quellenhandbuch von unschätzbarem Wert dar. Das Buch zeichnet ein lebhaftes Bild vom Zunftleben mit seinen vielfältigen Ritualen; es berichtet ausgiebig über Lehrlinge, Meister und Gesellen, Arbeit und Lohn. Dazu nennt es hochinteressante Einzelheiten über alte Techniken, Werkzeuge, Arbeitsweisen, und es verrät uralte Rezepturen.

670 Seiten, 15 × 22,5 cm mit 48 Abbildungen
mehrfarbig bedruckter, fester Einband
Best.-Nr. 1241 · ISBN 3-88746-333-1

August Graef

Der Landtischler (1894)

Rares Vorlagenbuch zur Möbelfertigung für „den einfachen Bürger und den Landmann" im heute wieder beliebten Stil des späten Historismus. Das Werk enthält auf 26 Tafeln Einzelzeichnungen und Texterläuterungen mit Maßangaben. Vier Tafeln mit Details im Maßstab 1 : 1 sind hervorragend geeignet für die Fertigung gedrechselter und geschnitzter Einzelelemente.
Begleittext von Dr. Joachim F. Baumhauer, Hannover

88 Seiten, 24 × 28 cm, 26 Tafeln, 300 Abbildungen
4 Einstecktafeln mit 1 : 1-Vorlagen
mehrfarbig bedruckter, fester Einband
Best.-Nr. 1232 · ISBN 3-88746-269-6

August und Max Graef

Der Dorfschreiner (1900)

Der Reprint macht ein weiteres seltenes Vorlagenbuch der Gebrüder Graef für einfache Möbel und andere Schreinerarbeiten wieder zugänglich. Das Buch ist ähnlich ausgestattet wie „Der Landtischler", es enthält Entwürfe mit Erläuterungen und Detailzeichnungen in natürlicher Größe. Eine Fundgrube für Praktiker in der Möbelfertigung und Restaurierung.
Begleittext von Dr. Joachim F. Baumhauer, Hannover

80 Seiten, 24 × 28 cm, 24 Tafeln, 260 Abbildungen
3 Einstecktafeln mit 1 : 1-Vorlagen
mehrfarbig bedruckter, fester Einband
Best.-Nr. 1233 · ISBN 3-88746-272-6

August und Max Graef

Das Parkett (1899)

Bücher über Parkette sind selten, ein Buch mit Vorlagen für massive und furnierte Parkette ein glücklicher Fund. Das Werk der Gebrüder Graef bietet in hervorragender Abbildungsqualität 300 Muster von Parketten, von einfachen bis hin zu Schmuckformen mit mehreren Holzsorten. Der Textteil, nicht nur für Restauratoren interessant, informiert über Verlegungstechniken und vermittelt alte Rezepte.
Begleittext von Ortwin Baumann, Bonn

72 Seiten, 22 × 28 cm, 24 Tafeln, 300 Abbildungen
mehrfarbig bedruckter, fester Einband
Best.-Nr. 1234 · ISBN 3-88746-273-4

Wilhelm Rausch

Der Stellmacher (1899)

Dies ist eines jener „klassischen" Vorlagenwerke des 19. Jahrhunderts. Dabei bietet das Buch in seinem Textteil eine hervorragende Einführung in die Gegebenheiten dieses Handwerks. Die akribisch ausgeführten Zeichnungen vermitteln die gesamte Produktpalette des Stellmachers. Das Standardwerk zu einem Handwerk, das heute wieder auf großes Interesse stößt.
Begleittext von Dr. Günther Heine, Aumühle/Hamburg

112 Seiten, 24 × 28 cm, 25 doppelseitige Tafeln
mit 400 Einzelabbildungen
fester Einband mit Goldprägungen
Best.-Nr. 5112 · ISBN 3-88746-315-3

. . . und weitere 100 Fach- und Sachbücher aus vergangenen Jahrhunderten

Bitte umgehend Gesamtverzeichnis anfordern

EDITION libri rari

Verlag Th. Schäfer

Postfach 54 69 · 30054 Hannover
Telefon (05 11) 99 0 99-77
Telefax (05 11) 99 0 99-68